贵州省"十四五"职业教育规划立项建设教材

中职班级主题活动

主　编　张一涛　金礼江

副主编　张　璋　陈　欢

　　　　杨桃桃　卢丽娟

北京理工大学出版社

BEIJING INSTITUTE OF TECHNOLOGY PRESS

内 容 简 介

班级主题活动是中职学校重要的教育活动之一。本教材结合编者多年的实践经验，针对中职班级管理、班风建设中存在的各种问题，从班风建设、心态调节、习惯养成、安全教育、职业认识、文化铸魂六个方面设计各种活动，力求使活动深入人心。传授给学生能满足社会需要的能力和素养，达到提升学生综合职业能力的目标。本教材编写的目的旨在丰富学生的校园生活，提高他们的实践能力，增强团队合作精神；与此同时，帮助学生更好地了解不同的职业领域，让中职生树立自信，勇敢坚强，爱业乐业，成为时代和社会需要的人才。

本教材适用于所有中职院校的学生。

图书在版编目（CIP）数据

中职班级主题活动 / 张一涛，金礼江主编 . -- 北京：
北京理工大学出版社，2024. 6.
ISBN 978-7-5763-4320-5

Ⅰ . G632.3

中国国家版本馆 CIP 数据核字第 2024JD5838 号

责任编辑：王梦春　　**文案编辑**：芈　岚
责任校对：刘亚男　　**责任印制**：施胜娟

出版发行 / 北京理工大学出版社有限责任公司
社　　址 / 北京市丰台区四合庄路 6 号
邮　　编 / 100070
电　　话 /（010）68914026（教材售后服务热线）
　　　　　　（010）63726648（课件资源服务热线）
网　　址 / http://www.bitpress.com.cn

版 印 次 / 2024 年 6 月第 1 版第 1 次印刷
印　　刷 / 定州市新华印刷有限公司
开　　本 / 889 mm × 1194 mm　1/16
印　　张 / 11.5
字　　数 / 200 千字
定　　价 / 44.80 元

党的二十大报告提出："教育是国之大计、党之大计。培养什么人、怎样培养人、为谁培养人是教育的根本问题。育人的根本在于立德。全面贯彻党的教育方针，落实立德树人根本任务，培养德智体美劳全面发展的社会主义建设者和接班人。"

班级是助力学生成长的重要载体。主题活动是让班级保持活力和朝气的方法之一，是建设良好班集体的重要组成部分和最重要的内容。

《中职班级主题活动》以学生为主体，针对中职学生成长过程中可能存在的问题，从班风建设、心态调节、习惯养成、安全教育、职业认识、文化铸魂六个方面设计了30个班级主题活动，让学生通过参与活动，从中获取自信，勇敢，坚强，爱业乐业等素养，成为时代和社会需要的人才。在编写中，做到坚持以下原则。

1. 原创性

教材内容源于一线教师、班主任的原创设计，编者经过实践，反复修改，将效果好的主题活动选入教材。

2. 针对性

教材设计符合中职生认知规律，针对性强。通过开展主题活动，帮助解决学生成长过程中需要关注的身心健康问题、行为习惯养成问题，以及安全、职业、服务意识形成等问题，为学生将来进入社会打下坚实的基础。

3. 启发性

教材以学生为主体。在班主任的引导下，学生通过参与主题活动，观察、体验、感知、领悟，各方面能力得到提升。课程思政设计巧妙不生硬。

4. 实践性

教材编写遵循"从实践中来，到实践中去"的理念，认真落实"三教"改革。活动设计借鉴最新的教育教学成果，能有效引导学生积极参与。教材语言简洁明了，步骤清楚，即使是初入职场的班主任也能轻松驾驭。有些主题活动，即使没有

班主任指导，学生也能根据教材内容的提示，自行完成。

5. 知识性

教材展示"源于问题、贴近生活"的现实土壤，注重与地方文化相结合。从历史、人文、旅游、饮食、农业、制造加工业、城镇化建设等方面选取案例，展示家乡高质量发展的"四新四化"。通过参与活动，让同学们对家乡有全新的认识，树立文化认同感和文化自信心。

6. 生动性

主题活动设计新颖、生动、有趣，真正深入学生内心。能锻炼学生的信息处理能力、团结协作能力、沟通交流能力、适应社会能力、口语表达能力、写作能力、创新思维能力等。

我们期望这本教材能够成为中职班级管理者的得力助手。通过使用这本教材，班主任可以从中汲取灵感，构思出更多新颖且有效的班级主题活动，让学生收获更多。

本教材适应中职学校，建议学生进校后四个学期完成。班主任在使用本教材的过程中，可根据需要挑选适合的班级主题活动，也可参考以下的安排。

对应学期	开展活动		对应学期	开展活动	
第一学期	主题一	中职生，你准备好了吗	第三学期	主题三	我是班级的代言人
	主题二	大家一起定班规		主题八	在荆棘中成长的玫瑰
	主题四	我是班级代言人		主题十四	成由勤俭败由奢
	主题十二	良言一句三冬暖——好好说话		主题十六	你越自律，你越自由
	主题十七	一屋净，天下净		主题二十一	假如你处于危险之中
	主题二十二	有"礼"安行天下		主题二十六	岗位拍卖会
	主题二十五	趣味识职业		主题二十九	重走长征路
	主题三十	认识脚下的土地		主题三十	认识脚下的土地

续表

对应学期	开展活动		对应学期	开展活动	
第二学期	主题五	学会欣赏每个人的不一样	第四学期	主题十	道歉的力量
	主题六	异性眼中的你		主题十一	心中有规矩，行为定方圆
	主题七	自嘲与他嘲		主题十五	诚信行天下
	主题九	你会说"不"吗		主题十八	学不可以已
	主题十三	在比较中成长		主题二十	不怕一万，就怕万一——安全无小事，预防最关键
	主题十九	预防欺诈，小事不小		主题二十四	夸夸家乡的老字号
	主题二十三	预则立，不预则废		主题二十八	带着父母去旅游
	主题二十七	我们为什么过节		主题三十	认识脚下的土地
	主题三十	认识脚下的土地			

　　本书由普定县中等职业学校张一涛、金礼江担任主编，普定县化处镇中心学校张璋、普定县中等职业学校陈欢、杨桃桃、米拉弗洛实业（无锡）有限责任公司卢丽娟担任副主编，其中张一涛和金礼江负责主题选择、框架搭建、主题编写、内容审定、校对等工作；张璋、陈欢、杨桃桃负责编写、校对等工作。卢丽娟作为企业老师，从企业用人的角度为团队提供编写意见，并提供部分学生在企业实践中发生的故事，作为教学资源用于教材。

　　在编写本书过程中，参考了一些文献和资料，在此向相关的作者表示衷心的感谢！由于编者水平有限，疏漏之处在所难免，恳请广大读者提出宝贵的意见和建议。

编　者

Contents
目录

班风建设篇

　　良好的班级氛围，让人如沐春风。置身其中，仿佛看得到绿荫，嗅得到花香，听得到鸟语，满怀对果实的期待；良好的班级氛围，似决战前的跃跃欲试，未至战场，仿佛已看见旗帜飘扬，听得鼓声激昂，闻到硝烟弥漫，内心充满着对胜利的渴望……

　　良好的班风，要依靠班主任的引导，更要靠班级学生的共同努力。

主题一　中职生，你准备好了吗

中职教育是我国教育体系的重要组成部分，它为学生提供了一种不同于普通高中的教育路径。选择中职，是对自己兴趣、爱好、特长和不足的反思，是一条通向成功的技能之路。

活动目标

1. 重新认识自己，树立自信心。

2. 认识职业教育。

活动一　我是一个什么样的人

一、活动准备

推选一个学生做主持人，开场介绍班会主题。

二、活动地点

班级教室。

三、活动任务

1. 每个同学发言，用几个词语描述自己。

例如，我是一个勤奋（可爱、认真等）的人。

2. 依此类推，直至全体同学参与。

3. 当一位同学发言时，其他学生判断发言者对自己的评价是否准确。对于不知道如何评价自己或评价不准确的同学，教师和其他同学可以帮助他（她）找到正确的词语。

主持词

尊敬的老师、亲爱的同学们：

大家好！

今天，我站在这里，想要和大家一起探讨一个很有意思的话题："我是一个什么样的人。"在这个快节奏的社会里，我们每个人都在不断地变化和成长，但有时候，我们可能会迷失自己，忘记了自己的本质和初衷。所以，我希望通过这次班会，能够重新认识自己，找到自己的定位和价值。

首先，我想说，我是一个热爱生活的人。我相信，生活是美好的，只要用心去感受，就能发现生活中的点滴美好。我喜欢用微笑去面对生活中的困难和挑战，因为我知道，只有保持积极乐观的心态，才能走得更远。

其次，我是一个有责任心的人。我认为，责任心是一个人优秀品质的体现，也是做好每一件事的基础。无论是在学习上，还是生活中，我都会尽自己最大的努力，去承担自己的责任，去完成自己的使命。

再次，我是一个有梦想的人。我相信，每个人都有自己的梦想，而我的梦想，就是能够成为一个对社会有贡献的人。我知道，实现梦想需要付出努力和汗水，但我会坚定地走下去，不断追求自己的梦想。

最后，我是一个积极向上的人。我认为，无论遇到什么困难和挑战，都要保持积极向上的心态，勇敢地去面对。因为只有这样，我们才能在人生的道路上，越走越远、越走越稳。

总的来说，我是一个热爱生活、有责任心、有梦想、积极向上的人。我相信，只要每个人都能够找到自己的定位和价值，发挥自己的优势，就一定能够创造出属于自己的精彩人生！

活动二 吸走负能量

一、活动准备

纸、笔、吸尘器（用扫把或其他物品替代）等。

二、活动地点

班级教室或其他空旷的场地。

三、活动任务

1. 推选一名同学扮演"情绪模特"，两名同学扮演"疏导者"。

2.将剩余的同学分为若干小组。

3.每小组派一名同学，将写有"负能量"词语的字条，粘贴在"情绪模特"的身上。

4.两名扮演疏导者的同学，手拿象征能吸走"负能量"的"吸尘器"，吸走"情绪模特"身上的"负能量"字条。

5.每组再派一名同学，将写有"正能量"词语的字条，粘贴在"情绪模特"的身上。

四、注意事项

1."情绪模特"要根据字条的内容进行表演，情绪和情感要有变化。

2.当同学们粘贴"负能量"词语字条时，"情绪模特"需要根据自己的理解做出相应的反应。当同学们吸走"负能量"词语字条时，"情绪模特"表情要变得轻松，恢复如常。当同学们在"情绪模特"的身上粘贴"正能量"词语字条时，"情绪模特"需要根据自己的理解做出对应的反应。

小提示

负能量和正能量是两个常见的概念，它们经常用来描述人的情绪、态度以及它们对周围环境的影响。

属于负能量的词语：失败、嫌弃、落后、担忧、排挤、打压等。

属于正能量的词语：成功、融入、接纳、阳光、赞扬、高兴等。

活动三　选择装备，砥砺前行

一、活动准备

1.书包。里面装有书本、手机、所学专业使用的工具等（根据需要装入）。

2.竹篮（可换成其他物品）。里面装有字条，字条上写着前行时需要的物品，如专业的工具、书籍等。

二、活动地点

班级教室。

三、活动任务

1. 推选出一名主持人。

2. 主持人引导同学们一起打开书包并进行清理。

3. 主持人带领同学们从竹篮里选取前行时需要的"物品"（根据需要放入或随机选取）。

4. 同学们将需要的"物品"装入书包。

四、活动总结

思考：我们为什么要负重前行？请将思考结果写在下面的横线上。

_____

_____

小提示

"重"是一种责任、一种担当，只有经历过负重前行的苦与累，才会领悟人生的意义。

活动四　"走走"人生之路

一、活动准备

1. 指示贴若干张，内容写有顶岗实习、自主实习、备考大专、准备就业、就业、根据专业就业、跨专业就业、升大专、应征入伍、其他。

2. 将指示贴粘贴在校园内合适的路面上。

特别说明：也可以用彩色粉笔将以上内容写在地面上。

3. 推选一名主持人。

二、活动地点

校园内空旷的位置。

三、活动任务

1. 主持人带领同学们，根据指示贴的提示，一步一步选择自己的人生之路。也可将学生分成几个小组，每个小组选出一名小组长，小组成员在组长的带领下，根据指示贴内容的提示，"走走"人生之路。

2.第一个路口：进入中职三年级，将面临以下选择：顶岗实习、自主实习、备考大专、准备就业、就业。同学们经过思考之后，选择相应的"路"。

3.第二个路口：毕业后，将面临以下选择：根据专业就业、跨专业就业、升大专、应征入伍、其他。同学们经过思考之后，选择相应的"路"。

四、活动总结

思考：你为什么这样选择？请将思考结果写在下面的横线上。

_____

_____

阅读提升

1.人生的路有很多条，不管同学们如何选择，请记住，总有一条路一定属于你。选择好了，就要坚定地走下去。

2.人生就像一个圆圈，每一个终点就是一个新的起点。中职是人生又一个新的起点，让我们以乐观、坚定的态度开启新征程。

3.错过的路不必后悔，因为如果一直因后悔而回头，便看不清向前的路。一直向前走，路就在脚下。

4.感谢那些你曾经遭遇过的失败，因为那些失败会使你比别人更能深刻体会到成功的不易，会更懂得珍惜，更加努力。

大家一起定"班规"

主题二

　　班规是面向班级全体成员制定的，一旦确立，必须得到严格地执行。在制定班规的过程中，每位同学都应该充分表达自己的观点，一方面可以使班规更完整、规范，推动班级形成积极向上的氛围；另一方面也可确保班规能够真正代表并保护大多数同学的权益。

活动目标

1. 构建班级秩序。

2. 提高团队合作意识和决策能力。

3. 促进班级成员相互理解和尊重。

活动一　我是谁

一、活动准备

　　准备自我介绍，记住新同学的名字。

二、活动地点

　　班级教室或空旷的场地。

三、活动任务

　　1. 每个同学起立，说出自己的名字，后面的同学需要重复前面两位同学的名字。如果说错了，则需更正，直到所有的同学都完成任务。

　　例如，第一位同学起立，说："我叫×××。"其后面的同学接着起立，说："我是×××后面的×××。"依此类推。

　　2. 说错的同学将成为班主任的小助手，在召开班会时，负责记录同学们的发言。

小提示

　　进入一个新班级，要学会记住别人的名字，这是对他人的尊重，也是融入和接纳一个新集体的开始。

活动二　集体力量大

一、活动准备

　　推选一位主持人。

二、活动地点

　　班级教室。

三、活动任务

　　1. 主持人开场。

主持词

尊敬的老师、亲爱的同学们：

　　大家好！

　　欢迎来到我们今天的主题班会。在这个美好的时刻，我们将共同探讨一个非常重要的话题——集体力量大。

　　集体力量是一种神奇而强大的能量，它源自我们每个人的内心，能汇聚成一股无法忽视的力量。正如一句俗语所说："团结就是力量。"当我们齐心协力、共同努力时，就能够创造出惊人的成就。

　　在我们的班级中，每个人都有自己独特的才能和潜力。当我们团结一致，相互支持和鼓励时，我们的力量将变得更加强大。我们可以共同面对挑战，克服困难，取得成功。

　　今天的班会，我们将通过一系列的活动和讨论，深入探讨集体力量的重要性。我们将分享彼此的经验和故事，互相启发和激励。我们将一起思考如何更好地团结合作，如何发挥每个人的优势，为我们的班级和学校做出更大的贡献。

　　集体力量不仅仅是为了让我们取得好成绩，更是为了培养我们良好的品德和价值观。通过团结合作，我们可以学会尊重他人、培养同理心、发展领导能力、提升自我管理能力。这些品质将伴随我们一生，成为我们走向成功的基石。

让我们以积极的态度和开放的心态参与今天的班会。让我们用心倾听、用爱关怀、用行动实践。相信通过我们的共同努力，我们的班级将变得更加团结，我们的力量将变得更加强大。

2. 阅读以下故事并思考：晓丽会一直坚持一个人打扫教室卫生吗？她能坚持多久？

×××班由 41 名同学组成，开学前两周，由于班级还没有制定卫生制度，教室卫生让人堪忧。晓丽善良勤劳，见此情景，她主动在放学后打扫教室卫生，很多同学都看到晓丽打扫教室卫生了。有些同学想帮她，但只是停留在想想而已；有些同学却私下议论，认为她是在出风头……总之，没有一个同学站出来帮助她打扫教室卫生，后来……

3. 分组讨论故事的结局，说说应该怎样做才能避免不好的结果发生。

4. 每组派一名同学分享讨论意见。

四、活动总结

思考：良好的班风是如何形成的？请将思考结果写在下面的横线上。

_____

_____

小提示

良好的班风不是靠一个人或几个人构建的，需要集体的力量。

活动三　即兴检查

一、活动准备

选派一名主持人。

二、活动地点

班级教室。

三、活动任务

由班主任、主持人带领班干部即兴在班上开展一次检查，内容自定。例如，检查每个同学是否按学校规定穿着校服，检查值日卫生或寝室卫生等。

四、活动反思及总结

思考：在哪些情况下，人们会主动制定规则？请将思考结果写在下面的横线上。

_____

_____

在公共环境区域，当某些行为影响了大多数人的生活时，即会有人主动提出用规则约束或纠正某些行为，于是，就产生了各种纪律要求。

活动四　制定目标

一、活动准备

思考：我在班级建设中的作用。

二、活动地点

班级教室。

三、活动任务

想建设一个什么样的班级？请每个同学说出自己的设想。

四、活动反思及总结

1. 思考：每个同学就如同一滴水，是不断流动的，从不同方向而来，汇入一个班级，成为一个整体。那么，你希望自己的班级是一个什么样的容器呢？请将思考结果写在下面的横线上。

_____

_____

2. 思考：你是否希望，自己所在的班级能成为像"雷锋班"一样的集体，能带给大家努力向前的动力？如果你的回答是肯定的，请为班级建设出一份力。将你的建议写在下面的横线上。

_____

_____

知识链接

　　雷锋班：1963 年 1 月 7 日，中华人民共和国国防部命名雷锋生前所在的沈阳军区工兵某团运输连二排四班为"雷锋班"。雷锋班始终走在学雷锋的前列，是一个人人称模范、年年当先进的光荣集体。

活动五　人人参与定班规

一、活动准备

　　思考：如何为班级建设做贡献？

二、活动地点

　　班级教室。

三、活动任务

　　1. 分成若干小组，每个小组从班级目标、班级纪律、课堂学习、寝室管理、安全保障、个人行为教养等方面进行讨论，提出意见和建议，并记录在表 2-1 中。

表 2-1　制定班规

序号	班级存在的问题	班规
示例	学生上课爱随便说话	上课不准随便说话。如果随便说话，当事人要在课间站在班级门口对每一个进教室的人说"欢迎光临"，对离开的人说"欢迎下次再来"
1		
2		

　　2. 每个小组选派一名代表，将讨论的结果分享给全班同学。

　　3. 在讨论过程中，其他同学可以提问或提出建议。

　　4. 教师点评及学生互评。

四、活动总结

　　思考：你最关注的问题有哪些？请写在下面的横线上。

活动六　诵读班规

一、活动准备

准备海报、便利贴或胶带。

二、活动地点

班级教室。

三、活动任务

将大家认可的班规制作成海报（见图2-1），并诵读。

图2-1　班规海报

参　考

某中等职业学校"伊尹班"的班规

一、待人接物

1. 同学之间互相支持、互相帮助。有宽容之心、自信之心、向上之心，忌嫉妒之心、炫耀之心、狭隘之心。别人有好表现，替他高兴；自己有什么好表现，不必炫耀；输给别人，也不要生气，相信自己有能力重来。

2. 与师长沟通，有礼貌、有分寸。

3. 尊重别人的发言与想法，不随便否定别人，不打断别人的发言。

4. 与同学和睦相处，学会换位思考，乐于帮助有困难的同学。

二、文明习惯

5. 每天按时早起，保质保量完成晨跑和训练；按时睡觉、不熬夜，关灯后不玩手机。

6. 提前安排第二天的重要事情，做到心中有数。

7. 讲究个人卫生，每天晨起要刷牙、洗脸，晚上睡觉前要刷牙、洗脸、洗脚；训练出汗后要及时洗澡或用热水擦洗；勤洗袜子和刷鞋子；一个月清洗一次床单被套；身上不得有异味。

8.共同维护寝室卫生，按值日表打扫寝室，如有同学生病或因其他事不能打扫寝室的，要主动帮助打扫卫生，不要斤斤计较。

9.语言文明，不说脏话、嘲讽的话、挖苦的话、伤自尊的话、影响团结的话。

三、课堂纪律

10.爱惜食材，不浪费每一粒粮食。

11.不带手机进教室和实训室等。

12.有事要请假，不准请"霸王"假。

13.老师布置作业时，尽力去完成。

14.努力学好专业技能，老师示范时，要将要点记录在笔记本上。

15.要提意见时必须先举手，得到老师的允许后再起身发言，要守课堂规矩。

16.当同学被批评时，不要嘲笑他或一直看着他。

17.不要因为做不好就放弃，成功是由一次次失败累积而成的。

四、文明礼仪

18.在食堂吃饭，自己的垃圾自己处理；不带零食或饮料进寝室，不在寝室吃饭、吃零食、喝饮料等。

19.接受别人的服务时要说"谢谢"。

20.在公共场所保持安静，不得大声喧哗。

21.接电话要得体，接通电话时，可以说："您好，我是×××，请问有什么事？"等对方说完话后，或对方说"再见"之后，或自己说"再见"之后，再挂电话。

22.进老师办公室前，要喊"报告"，得到老师的允许，才能进去。

23.不可以插队。看见别人插队时，报告给执勤班级、当天值日领导或班主任。

24.未经别人允许，不得用别人的东西或拿别人的东西。

五、品德修养

25.不可以欺负弱小、在班级称霸。

26.有长远目标和近期目标，并为了目标而努力拼搏。

27.不要因为犯了错误就否定自己，从错误中吸取经验教训，继续向前迈进。

28.乐观对待生活，学会换个角度思考问题，享受美好的人生。

29.一定要诚实，不要说谎。

30.和自己比，自信自爱，一次次进步。在你的能力范围内，做最好、最棒的人。

主题三　我是班级代言人

我们来自不同的地方，带着好奇和喜悦、疑问和焦虑，从互不相识到逐渐熟悉，从独立行动到相互取暖，最终，汇聚成一个团结的整体。

无论你是否愿意，班级都将伴随你度过校园生活的每一天。你与班级共享荣誉、共担责任。

活动目标

1. 建设良好的班风。

2. 以班级为荣。

活动一　取名

一、活动准备

1. 分成若干小组。

2. 结合所学专业特点，预先准备若干个小组名称。

二、活动地点

班级教室。

三、活动任务

每个小组派一名代表抽签确定各小组名称。例如，电商专业的同学可将 4 个组命名为：子贡组、邓通组、陶朱公组、季布组（4 个小组均以中国著名商人命名）。

他山之玉

1. 子贡

子贡，端木氏，名赐，字子贡，是孔子的著名弟子之一，来自春秋时期的卫国。他在孔子的弟子中以能言善辩和经商才能著称，是"孔门十哲"之一，被尊为"瑚琏之器"。

2. 邓通

邓通是中国历史上著名的富商，生活在西汉时期。他是汉文帝刘恒的宠臣，因为与皇帝的密切关系而获得了巨大的财富和权力。

3. 陶朱公

陶朱公，原名范蠡，是中国春秋时期著名的政治家、军事家、经济学家和道家学者。他是越国的重要谋臣，曾辅助越王勾践灭吴，为越国的强盛立下了赫赫功劳。在功成名就之后，范蠡选择了急流勇退，辞去官职，化名为陶朱公，转而投身商业活动，并取得了巨大的成功。

4. 季布

季布，战国时期楚国人。为人仗义、好打抱不平，以信守承诺，讲信用而著称。楚国人广泛流传着"得黄金百两，不如得季布一诺"的谚语。

如果是计算机班，可用为计算机发展做出贡献的人命名。例如，中国计算机之母夏培肃，我国自主研发的第一枚 CPU 芯片"龙芯"的领军人物黄令仪等。

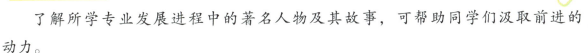

小提示

了解所学专业发展进程中的著名人物及其故事，可帮助同学们汲取前进的动力。

活动二　班风如清水

一、活动准备

1. 一杯清水、一瓶黑墨水、一支钢笔。

2. 推选一名同学担任主持人。

二、活动地点

班级教室。

三、活动任务

主持人组织同学开展活动，分小组进行。

刚建成的班级好比一杯清水，但清水是否能一直保持清澈透亮，由同学们的在校行为决定。每组同学进行自我反省，若班上同学有下列行为之一，便向杯子里滴一滴黑墨水。

（1）上课睡觉，老师多次提醒无效。

（2）上课迟到，集合排队拖拉。

（3）在校园内讲脏话。

（4）乱丢垃圾。

（5）带违禁品进校。

（6）上课玩手机，不听老师讲解。

（7）在食堂排队时插队。

（8）不讲卫生，寝室卫生差。

（9）不交作业。

（10）其他……

四、活动反思及总结

请将思考结果写在下面的横线上。

_____

_____

小提示

做好每一件小事，因为你的一言一行都会影响班级的名誉及班风的建成。

活动三　我能为班级做什么

一、活动准备

制订计划，为班级做些力所能及的事。

二、活动地点

班级教室。

三、活动任务

思考：你想在一个什么样的班级里学习？你能为班级做哪些力所能及的事？

参考案例

同学甲：我能把装扫把的柜子修理好。

同学乙：我擅长绘画，我来出黑板报。

同学丙：我喜欢运动，我可以当班级的体育委员。

小提示

班级活动是提高班级凝聚力的重要途径，同学们一起制订活动方案，计划活动流程参与组织班级活动，不仅能增进友谊，也加强了班级内部的交流与合作。

活动四　做行动的实践者

一、活动准备

班主任做活动的主持人（可推选一名同学担任主持人），准备积分榜。

二、活动地点

班级教室。

三、活动任务

1.分成若干小组。

2.每个小组经过讨论、投票，填写表 3-1 所示的"我是班级代言人积分榜"（可以根据情况重新设计）。

3. 填表要求：每个同学选择其中一项填上姓名。

表 3-1　我是班级代言人积分榜

序号	代言事情	代言完成学生姓名
1	一周天天穿校服	
2	一周不迟到	
3	一周不在课堂上睡觉	
4	一周认真完成作业	
5	一周阅读一本书籍	
6	……	

4. 主持人汇总代言人积分榜，并将代言人积分榜张贴在教室公示栏。

活动五　做班级代言人

一、活动准备

1. 分成若干小组。

2. 每个小组推荐一名同学作为班级代言人的候选人，候选人准备竞选发言稿。

3. 准备投票箱或投票器。

4. 推选 2 ～ 3 名监票人。

二、活动地点

班级教室。

三、活动任务

1. 每组候选人进行竞选发言，每个候选人的发言时间不超过 5 分钟。

2. 投票选出班级代言人。

四、思考与总结

思考：为什么对班级代言人的要求更高？请将思考结果写在下面的横线上。

_____

小 提 示

　　作为班级代言人，要有极强的班级责任感和荣誉感，展示自己最好的一面，努力成为最好的自己。

参 考

　　以下是同学们在竞选班级代言人时的发言。
尊敬的老师、亲爱的同学们：
　　今天我代表第三组竞选班级代言人。
　　俗话说："不想当将军的士兵不是好士兵。"我是汽修班唯一的女生，但巾帼不让须眉。我认为，我能代表班上所有的同学，成为班级的最佳代言人。
　　竞选班级的代言人，是因为我有以下优势。
　　第一，如果我成了班级代言人，其他班的同学会觉得我们班上的男同学特别宽容，格外关照班级唯一的女同学，并且认为我们班的同学相处特别和睦。
　　第二，如果我是班级代言人，我不会给班级抹黑，因为我从不违纪。我遵守学校纪律，从不迟到、旷课，不带违禁品进校。我还经常帮助同学，是老师的小助手。
　　第三，虽然我的动手能力赶不上一些同学，但我有自己的优势。我的记忆力强，能记住各种品牌汽车的优势和缺点。我的理想是到4S店当一名销售，我相信，凭借我的口才，销售业绩一定不错。
　　第四，为配得上班级代言人这个荣誉，我一定会努力成为班上最好的学生，我会严格要求自己，让自己担得起这个荣誉。
　　第五，如果我成为班级代言人，我还可能影响到其他专业班的女生，让她们带着好奇心来了解我们的专业。也许因为我的出现，会有越来越多的女同学选择汽修检测与维修专业，汽修班的女同学会越来越多。
　　请大家选择我。

×××

××××年××月

尊敬的班主任老师、亲爱的同学们：

大家下午好！

今天我代表第四组竞选本班的班级代言人。

能够成为班级代言人，是一件非常光荣的事。同学们要投票给哪个竞选人，也是需要深思熟虑的。

我认为，以我现在的状态，成为班级的代言人还不合格。但从长远来看，我成为代言人是有潜力的。

第一，我是一个爱运动的人。我发现，班上大多数同学不爱运动，课余时间都用来刷手机了，而且一刷就是几个小时，这对我们的身体影响极坏。如果我成为班级代言人，我会带领同学们每晚用一小时到运动场上锻炼身体；组织各种体育活动，让同学们从依赖手机的状态中走出来，成为富有朝气、爱运动的青年人。

第二，我是一个发展潜力很大的学生。我承认，在小学和初中，我不爱学习。但进入职业学校之后，我找到了自己的兴趣所在。我非常喜欢富有挑战性的服装设计与工艺专业。自从进入我们班，我从来没有迟到、旷课、请过假，我认真听老师讲课，认真完成每一次作业。从拿剪刀开始，到现在能画图、会裁衣、做成衣服，我感受到自己每一天都在成长，这让我非常高兴。我会用我的热情带动整个班集体。

第三，我是一个正能量十足的学生。如果我能成为班级代言人，我会成为班主任的助手，会带领班集体修订班规，履行班级公约、实现班级目标。

请同学们给我一个机会，投我一票，你们不会后悔。

×××

××××年××月

亲爱的同学们：

大家下午好！

今天，我代表第五组竞选班级代言人。

首先，我要展示给同学们的是我的一段才艺。请听古筝演奏。（表演古筝）

听完我的演奏，同学们能感受到我的古筝功力较为深厚。我从五岁开始学习古筝，每周都坚持练习，到现在已经有10年了。目前，我的古筝已过了十级。所以，我的第一个优势是：有古筝演奏的特长。

  其次，我想给同学们诵读一首诗，这首诗是《青青园中葵》，我想借这首诗表达我对时间的态度……世间所有的技能都是靠时间积累而来，我在学校会倍加珍惜时间，将时间用于磨炼我的技艺，提高自己的综合素质。

  以上是我参加竞选的发言，谢谢老师和同学们给我这个机会。

×××

××××年××月

主题四　团队中的你我他

活动目标

1. 回顾进校后的学习生活，进一步了解班上同学。
2. 培养班级荣誉感。

活动一　温暖的星光

一、活动准备

1. 纸条若干。
2. 推选一名主持人。

二、活动地点

班级教室。

三、活动任务

1. 将自己与同学相处时曾经发生过的感人故事写在纸条上。时间在 5 分钟内。
2. 主持人随机抽取纸条，大声朗读出来。

主持词

尊敬的老师、亲爱的同学们：

进人这所学校之前，也许我们彼此陌生，如夜空的点点星光，在不同的区域里发光、发亮。如今，我们还是夜空中的点点星光，但汇聚在一起，互相辉映，星光交汇时，能感受到彼此的温暖。

还记得刚进校时的迷茫与无助吗？还记得第一次开班会为制定班规大家争得面红耳赤的情景吗？还记得第一次参加学校活动时的努力的样子吗？

请拿出你的笔，写下那些美好的瞬间吧！让我们一起慢慢品味，享受这美好时刻。

例一：记得第一天到学校报名，我带着大包小包的行李，来到陌生的环境。正当我一筹莫展时，是先到校的同学帮助了我。她们带着我去办理各种手续，还帮我提行李到寝室，带我到食堂吃饭。现在回想起来，我仍然觉得很感动。

例二：我这个人方向感极差，老是不记得方向，走过的路再回头就找不到了。我记得开学第一周去上实训课，从实训室回教室时，我走错了路，一直在实训楼周围转，是同桌发现我没有回教室，回实训楼找到我，带我回到教室。同桌一边走，一边教我记标志性建筑，我很感激她。

例三：我到学校的第一周，不小心把饭卡弄丢了。同学们陪着我一起找饭卡，饭卡没有找到，同学们又陪我到食堂挂失。后来，同寝室的同学凑了钱，请我吃了一周的饭。我非常感激她们。

四、活动反思与总结

请将活动反思与总结写在下面的横线上。

_____

_____

活动二　你最美的样子

一、活动准备

1.纸条若干。

2.推选一名主持人。

二、活动地点

班级教室。

三、活动任务

1.每个同学在纸条上写出同班五个同学的优点和突出的特征，但不写同学的姓名，只标注序号。

2.主持人随机抽取同学们写的纸条，大声读出来，请其他同学猜猜写的是谁。

主持词

尊敬的老师、亲爱的同学们：

首先，感谢敬爱的班主任，因为您的教育有方，让我们的班级成为一个和谐、团

结、奋进的大家庭，我有幸能成为这个大家庭中的一员。

其次，感谢我的同学们。俗话说"众人拾柴火焰高"，为了让班集体成为我们心目中最美好的样子，每个同学都为班级的建设付出了智慧与汗水。

那么，你是否想把你的感谢说出来呢？请每个同学写出其他五个同学的优点和特征，让我们一起好好夸夸那个他（她）。

四、活动反思与总结

请将活动反思与总结写在下面的横线上。

_____

_____

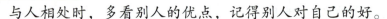

> 与人相处时，多看别人的优点，记得别人对自己的好。

活动三　共同的班级，共同的目标

一、活动准备

将学生分成若干小组，根据分组情况，准备大张白纸、彩色笔、夹子等。

二、活动地点

班级教室。

三、活动任务

1.以小组为单位，结合班级专业特点，为班级取一个独特的名字，能展示专业特点。

2.每组同学为班级写一段话，内容要求积极向上，朗朗上口。

3.设计一个班级徽章。

4.各小组选一位同学上台展示。

5.教师综合各小组的意见，确定班级口号、班徽、班歌等。

参考案例

班级名：铁功班。

班级口号：把我们的手握在一起，能抬起一辆汽车。

班徽：握手的图案（见图4-1）。

班歌：《海阔天空》。

图4-1　班徽

活动四　拍摄一张进校的集体照

一、活动准备

相机，穿着校服。

二、活动地点

教学楼前或操场。

三、活动任务

请专业摄影师拍摄集体照。

心态调节篇

　　心态，反映了一个人的心理状态和精神面貌。

　　在成长的道路上，心态往往影响着我们的行为和感受。有的同学可能会因为生活中的琐事发脾气、焦虑不安、抱怨连连，时间长了，这种消极情绪可能会占据心灵空间。而心胸开阔的同学，则能够从不同的角度看待问题，不会因为生活中的小挫折而感到困扰，面对挑战时能够坚强勇敢、积极向上，这样的心态也有助于保持身心健康。

　　因此，心胸宽广了，问题就显得渺小；心态积极了，烦恼也就减少了。

　　拥有积极的心态，你将拥有更加美好的人生。

主题五 学会欣赏每个人的不一样

生活中，有很多人一直感觉不快乐，原因之一，是他们一生都在试图做别人，时常怀疑甚至否定自己，一辈子活在别人的影子里。

而有些人，一生只认可与自己相似或接近之人，一旦发现他人的所作所为与自己的认知差别过大，立刻否定并排斥他人，甚至露出狰狞的面目，对他人施以语言或行为暴力。

因基因、性格、成长环境的不同，每个人都是独一无二的，我们不需要成为别人，别人也没有义务活成你想要的样子。

学会用欣赏的眼光看待每一个人，发现每个人的闪光点。

活动目标

1. 认识班上每个同学的不一样，了解他们每个人的独特性。

2. 尊重不同性格、不同特征的同学。

活动一　它们是否一模一样

一、活动准备

尝试找出两片一模一样的树叶，或根据专业要求制作两张相同的图片或两个模型。如计算机专业，可以要求学生绘制两幅一模一样的图片；烹饪专业，可以要求学生雕刻出两个一模一样的图案；汽修专业则可以要求学生找出两个一模一样的螺丝等。

二、活动地点

在班级教室、操场或实训室。

三、活动任务

1.划分小组。以小组为单位，展示小组所找到的一模一样的叶子或其他一模一样的物品。

2.教师和其他同学当裁判，判断找到的树叶或其他物品是否真的一模一样。

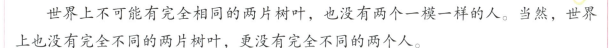

世界上不可能有完全相同的两片树叶，也没有两个一模一样的人。当然，世界上也没有完全不同的两片树叶，更没有完全不同的两个人。

活动二　不喜欢就……

一、活动准备

1.推选一名主持人。

2.准备蔬菜、植物、动物等图片若干。

二、活动地点

班级教室。

拓展阅读–玫瑰少年（戏剧）

三、活动任务

组织游戏，游戏共分两轮。

第一轮，主持人展示各种蔬菜的图片，并简要介绍。如果参与活动的同学中有五分之一的人不认识或不喜欢，就将蔬菜"倒"进垃圾桶。

第二轮，主持人展示各种植物的图片，并简要介绍。如果有五分之一的同学不认识或不喜欢，就将植物"撕"掉。

四、活动规则

1.游戏中，主持人只问喜欢不喜欢或知道不知道。

2.游戏中，同学们没有得到主持人的允许，不能发言。

3.同学们静思 2 分钟。不赞同主持人做法的同学可找到刚才被倒掉、被撕掉的图片，修复后，轮流上讲台为它们申辩。

参考案例

案例一：我想为刚才被撕掉的折耳根进行申辩。俗话说："萝卜白菜，各有所爱。"折耳根不是一些同学喜欢的，却是我最爱吃的菜。不能因为一部分人不喜欢，就让折耳根失去了为社会做出贡献的机会，这对折耳根不公平，对喜欢它的人也不公平。

案例二：带刺的花在世界的某个角落悄悄生长着，只要不用手去触碰它，它绝不会主动伤害人类。为什么你们不喜欢，就把它撕掉？这样做，对这类花而言极其不公平。

案例三：从药物的角度来看，刚刚被撕掉的花虽然有毒，却是一味好药材。好药材为什么要被撕掉？还有多少人等着这味药材治病呢。

小提示

不因喜恶而待人，不以性情而类人。不因自己与别人观点、行为不同而沮丧，也不要因别人的特立独行而无端排斥。学会尊重每个人的不一样，欣赏每个人的长处和闪光点，就是尊重生命、尊重真理、尊重社会。

活动三　分享故事

一、活动准备

每个小组准备一个故事，讲一讲生活中那些独特的人或事。

二、活动地点

班级教室。

三、活动任务

以小组为单位，讲述曾经历过或听说过的故事，讲讲生活中那些你认为独特的人或事。

参考案例

故事一：三国时期的马钧是一个发明家，他曾经发明还原了指南车，改进织绫机，改制诸葛连弩，发明龙骨水车、轮转式发石机、水转百戏图等。但他有口吃的毛病，所以不爱说话。当时的著名地理学家裴秀，第一次见到马钧后，见其言语迟钝，便对人们给予马钧的赞扬不以为然。他自恃知识广博，要找马钧辩论。马钧听说后，便有意避开他。裴秀更加得意了。马钧的朋友傅玄听到此事后，便找到裴秀，对他说："你擅长的是说话，马先生擅长的则是智巧。你用自己的擅长去攻击马先生，当然会占上风。要是你和马先生较量智巧，未必能占上风！马先生非常谦虚，不愿和你纠缠，所以一直避开你，你还不知道吗？"裴秀听后也觉得有些惭愧。（选自裴松之的《三国志注》）

故事二：他不爱讲话，在班上独来独往，被班上同学看成异类，班上开展集体活动需要配对的时候，他常常落单，但他好像并不在乎。刚转学到这个班的时候，我注意到这个特殊的男孩子。有一天放学下雨，我没有带雨具，冒雨往家跑去，由于路太滑，刚跑出校门就摔了一跤，还摔得不轻。他正好也从学校里跑出来，见到摔在地上狼狈不堪的我，伸出手把我拉了起来，后来，我们成了好朋友。和他接触之后，我发现，他其实也没有别人想象的那样深不可测，他只是不爱讲话，不喜欢太过热闹的场合。他特别执着于下棋，甚至到了废寝忘食的地步。他说，每天他都会花很多时间想着棋局，所以对周围事物不太在意。

故事三：他出生时，脸上带着一大块黑色胎记。到校读书时，很多同学都不敢也不愿跟他玩。老师让每个同学都要认真对待他，并说这是他独一无二的标志。大家仔细观察了他脸上的黑色胎记之后，觉得也没有什么令人害怕的。后来，同学们和他相处时，发现他的思维和行为与大家没有什么不一样，同学们便不再排斥这个同学。

故事四：我初中时有个同学，记忆力超差，不管学习什么知识，背多少遍都记不住。但他有个优点，走过一遍的路，闭着眼就能画出线路图。大家都说他的大脑像个照相机，能记住整体的图像，但对文字却不敏感。

故事五：邻村有个 11 岁的小女孩因为会盘新娘头而出名，经常有本村或外村要出嫁的姐姐来找她帮忙盘新娘头。她的学习成绩不好，但因为有这个特长，大家都很喜欢她。我特别羡慕她，进入中职之后，我就选择了美发专业。

小提示

子曰："三人行，必有我师焉，择其善者而从之，其不善者而改之。"（《论语》）

活动四　诵读经典语句，反思自己的行为

一、活动准备

准备经典语句。

二、活动地点

班级教室。

三、活动任务

诵读以下语句，思考"如何欣赏每个人的不一样"这一话题。

1. 请经常反思，我能为自己、家人、他人及社会做些什么，而不是总想着他人和社会是如何亏待了我。

2. 遗传专家美籍华人蒋有兴发现，人类是由 46 条染色体互相结合的结果，其中，23 条来自父亲，23 条来自母亲。每条染色体里有成百上千个遗传基因，每一个基因都能改变整个生命。

3. 每个人都带着使命而来，不要高估自己，盲目骄傲，做超出自己能力的事；也不必低估自己，因为害怕而不敢去闯、去拼。

4. 每个人的长相都是独一无二的，带着父母给的标识，拥有自己独特的辨识度。

5. 多一些交流，少一些攀比；多一些宽容，少一些指责。尺有所短，寸有所长，看见自己的长处，更要看见别人的长处。

6. 早成者未必有成，晚达者未必不达。不可以年少而自恃，不可因年老而自弃。

四、活动反思与总结

思考：为什么要学会欣赏每个人的不一样？请将思考结果写在下面的横线上。

_____

_____

_____

异性眼中的你　主题六

活动目标

1. 正确认识自己在异性眼中的形象。

2. 掌握与异性交往的方法，了解受欢迎的原因。

3. 学会调整自己的心理状态，在欣赏别人的时候学会欣赏自己。

活动一　旅途中的小青蛙

一、活动准备

提前告知活动内容。

二、活动地点

班级教室。

三、活动任务

小蝌蚪在成长为青蛙的过程中，见过了太多的趣事，也有很多疑惑。其中有一个问题小青蛙一直想不通，想向同学们求助。这个问题是：青蛙小时候在与异性交往的过程中，非常自然。但随着年龄的增长，在与异性交往中却会出现脸红、心跳，甚至紧张的现象，特别在意异性眼中的自己是否完美，这让小青蛙感到不知所措。

请同学们思考，如何帮小青蛙解决这些疑惑。请将你的思考结论写在下面的横线上。

_____

_____

参考案例

学生甲：可能是越长大，越在乎自己的面子。

学生乙：很想去表现自己，但是没有胆量去表现。

学生丙：可能是小的时候不懂得害羞，长大了，懂得害羞了。

小提示

世界万物每时每刻都在发生着变化，人也是如此。从幼儿时期到青少年时期，不仅是外貌、身高发生了变化，思想也在悄悄发生变化。

活动二　正常与异性交往

一、活动准备

1. 纸条若干、两个纸箱，纸箱上面分别写着"男"和"女"。

2. 班主任做主持人。

二、活动地点

班级教室。

三、活动任务

1. 在纸条上写出自己与异性交往中存在的困惑，或其他想了解的问题。

2. 将关于男生问题的纸条放到标记着"男"的箱子里，将关于女生问题的纸条放到标记着"女"的箱子里。

3. 主持人随机拿出纸条，与同学们一起探讨。

参考案例

学生甲：什么样的男生最受女生喜欢？

学生乙：我很好奇，我在男生眼中是什么样子？

学生丙：在异性交往中，不敢和异性说话应该怎么办？

小提示

你所疑惑的，可能正是别人也感到疑惑的；你所担心的，可能是别人也担心的。

活动三　男生向左，女生向右

一、活动准备

1. 打印有活动任务的纸条。
2. 推选一名主持人。

二、活动地点

班级教室。

三、活动任务

1. 男生和女生分别在纸条上填空，题目如下：我最欣赏的是＿＿＿＿＿＿的异性；我最不欣赏的是＿＿＿＿＿＿的异性。

参考案例

学生甲：我最欣赏的是阳光开朗的异性。

学生乙：我最欣赏的是有主见、有思想的异性。

学生丙：我最欣赏的是能吃苦、踏实做事的异性。

2. 主持人总结最被人欣赏的异性所具备的共同点，以及出现频率最多的几个词。
3. 思考：为什么对异性能产生别样的情愫？请将思考结论写在下面的横线上。

_____

_____

参考案例

学生甲：因为他们身上存在着其他人没有的耐心和细心。

学生乙：有些同学看上去很普通，但接触之后，会发现他们有很多与众不同的优点。

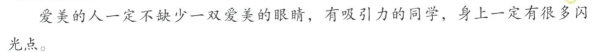

　　爱美的人一定不缺少一双爱美的眼睛，有吸引力的同学，身上一定有很多闪光点。

四、活动反思与总结

请思考：我们是否需要按照以上活动总结出来的"受欢迎点"改变自己，从而让自己成为异性眼中完美的人？请将结论写在下面的横线上。

_____

_____

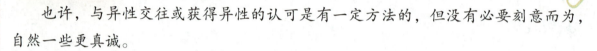

小提示

也许，与异性交往或获得异性的认可是有一定方法的，但没有必要刻意而为，自然一些更真诚。

活动四　困惑的小刺猬

一、活动准备

提前告知活动内容。

二、活动地点

班级教室。

三、活动任务

森林里住着一只小刺猬，聪明善良、乐于助人，经常被身边的动物们夸奖。最近，小刺猬感到困惑。它很羡慕自己的好朋友小绵羊有很多异性朋友，而小刺猬一个异性朋友也没有。小刺猬害怕与异性聊天，一聊天它就会脸红。小刺猬觉得小绵羊长得特别可爱，而自己身上有太多的刺，不讨人喜欢。而且自己性格内向，没有小绵羊外向，所以才会交不到异性朋友。小刺猬很希望有人来帮帮它。请同学们思考，该怎样帮助小刺猬？请将答案写在下面的横线上。

_____

_____

参考案例

学生甲：小刺猬可以向小绵羊请教，怎样才能有异性缘。

学生乙：小刺猬不应该看扁自己。

学生丙：小刺猬可以改变自己的性格，让自己变得受欢迎。

通过以上活动，同学们是否已经知道如何与异性交往？请将答案写在下面的横线上。

_____

_____

参考案例

A. 异性眼中的自己就像在生活中照哈哈镜，镜子中呈现的图像有时高、有时矮，有时胖、有时瘦，并不真实。经常照哈哈镜，会让我们慢慢忘记自己本来的样子。每个人都有欣赏同性及异性的权利，但是在欣赏对方的同时，千万不要忘记欣赏自己。

B. 异性眼中的自己不可能是完美的。

参考

其实，你没必要那么在意

丽丽快走进教室的瞬间，隐约听到有人提她的名字，并且在说着什么。当她的脚跨进教室的门后，她瞥见教室后面有一群男生在见到她之后，都不再说话了。丽丽的心里咯噔一下，装作什么也没有听见，还故意双脚腾空跳了一下，快速走到自己的座位上。

丽丽感觉他们在议论自己，但不知道在议论什么。整个晚上，丽丽都在想这件事，但理不出一个头绪，反而让自己陷入一种忧伤焦虑的情绪之中。她觉得自己浑身都是缺点，班上的男同学一定都不喜欢她。她想起小时候在家里经常被家人指责的那些语言，还想起在学校因为考试成绩不理想被批评时老师说的话。她觉得自己的原生家庭带给她的都是指责和打压，让她自卑又敏感。第二天早上，起床铃响了15分钟，丽丽还裹在被子里，她觉得全身无力，什么也不想做，不想去教室见到那些人。她觉得全班同学都不喜欢她，她不知道怎么办才好。她给班主任打电话请了假，在寝室躺了一上午。同寝室的同学关心地问这问那，她却什么都不想和她们说。

中午去食堂吃饭的时候，她在路上遇到那些男同学，他们嘻嘻哈哈的，追逐打闹，特别开心。丽丽想，一定是今天她没去上课，那些人没看见她，才这么开心。

下午上课的时候，丽丽发了一下午的呆。同桌见她不开心，故意逗她，她装作没看见，反正就是开心不起来。

生活委员发现丽丽的反常，主动来找丽丽聊天，丽丽不想告诉她。她认为这件事太丢人了，告诉生活委员，她一定会告诉老师。如果老师去批评那些人，那些人一定会更加看不起她、欺负她。

因为听不进去课，作业也做得一塌糊涂，科任老师把丽丽的表现告诉班主任。

班主任专门来找丽丽谈话，她希望丽丽能敞开心扉，能把老师当成可以信任的朋友，她会给丽丽保密。

丽丽突然哭了起来，她把这些天的委屈一并在老师的面前倾泻出来，将自己的烦恼原原本本告诉了老师。班主任老师答应丽丽，会悄悄查下那天男同学们聊天的内容，同时帮她分析，那不一定是议论她，叫她不必多心。就算是议论她了，她也不必过分在意别人的话，因为那些话也不一定是正确的。

丽丽哭过之后，感觉好多了。

班主任老师答应丽丽，到监控室调查那些男同学说的话，并保证保密。

后来，班主任调出监控，将男同学们的聊天记录简单地"整理"出来。原来，男同学们在聊天，说哪些同学初中是一所学校的。那天丽丽进去的时候，正好一个男同学说，丽丽和他初中是在同一所学校。见她刚好进来，又不好说什么，结果大家都沉默了。

班主任老师把调查结果告诉丽丽，丽丽突然感觉自己花了那么多天的时间内耗自己，实在是一件不划算的事，白白让自己痛苦了那么多天。

老师对丽丽说："如果你进教室时听到别人提到自己的名字，可以直接问，你们是在说我吗？并且可以开玩笑地说，在背后议论别人不好哦！如果没有监控查不出真相，那么，即便他们真说了你什么，你也不必自怨自艾。"

丽丽觉着老师说的有道理。她提醒自己，不要做一个脆弱的人，太过于敏感的人，生活会很痛苦。不必那么在意别人的议论，他们的话不一定对。

丽丽重新变得开心起来。经历了这件事之后，她觉得自己变得坚强起来了。

学会自嘲　主题七

　　自嘲是开自己的玩笑，自己嘲讽自己。在人与人的交往中，为了缓解在交往过程中的尴尬，自己会开自己的玩笑，调节一下当时的气氛。这是人们在交往中普遍运用的手段，即用自嘲的方式缓解在不熟悉的情况下产生的尴尬氛围。自嘲本来就不是嘲笑，是可以被接受的。

活动目标

1. 认识自嘲，知晓自嘲的优点。

2. 了解他嘲，知道他嘲是不尊重人的表现，会使人变得自卑。

3. 在人际交往中选择"幽默"的方式去面对他嘲。

活动一　听我说，你来做

一、活动准备

　　班主任做活动主持人（可推选一名同学担任主持人）。

二、活动场地

　　班级教室或空旷的地方。

三、活动任务

　　主持人说相关的口令（向左转、向右转、向后转等），学生做出与口令相符的动作。

参考案例

　　主持人：请同学们伸出左手。

　　同学们随即伸出左手。

　　主持人：请同学们伸出右手。

同学们随即伸出右手。

（做错的同学往往会感到十分尴尬，请思考如何化解。）

小提示

生活有时就像做游戏，总会有出错的时候，学会用"自嘲"化解尴尬。

活动二　神奇的说话

一、活动准备

多媒体课件。

二、活动场地

多媒体教室。

三、活动任务

1.阅读以下故事，思考自嘲有什么作用。

场景一：在一次大型活动的现场，主持人走着走着突然被绊倒在地。他不慌不忙地自嘲道："我本想给大家秀一下舞龙，看来，翻滚动作还是不过关。下面，请看学校的高手带来的舞龙节目。"主持人随机应变的"自嘲"，瞬间轻松化解了自己的尴尬、难堪。

场景二：某著名演员以其精湛的演技征服了观众。出道多年来，虽已塑造了无数经典的角色，但他的相貌并不出众。有一次，他与两名年轻的演员一起参加一档娱乐节目，主持人问他："你和两个唱跳俱佳的'小鲜肉'同台，有压力吗？"他说："跟这样两个优秀的年青人参加节目，我一点压力也没有，因为有他们，谁还会看我？"

场景三：某同学的皮肤比较黑。有一次，班级组织夜跑，这个同学穿了一件黑衣服，结果跑着跑着，不小心踩到鞋带，摔了一跤。她急忙退到队伍一旁系鞋带，但居然没有人注意到她因摔倒而离队。同学们绕了一圈再跑过来时，她急忙跑进队伍。体育委员惊讶地说："天啊，你想想你得有多黑，少了一个人，我们都没有发现。"这位同学幽默地说："我也没想到，穿上黑衣服，再配上我的黑皮肤，我都可以'隐身'了。"

参考案例

A：在人际交往中，自嘲有利于处理人际关系中遇到的问题或矛盾。

B：自嘲能缓解尴尬。

C：自嘲不是对自己真正的嘲笑。

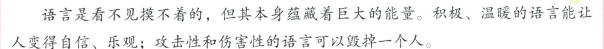

　　自嘲是自己对自身的不足之处开玩笑，用来调节气氛，但并不表示自嘲者认为自身的不足是缺陷，反而是其自信的一种表现。将自身的不足通过玩笑的方式说出来，既能从自身的不足之处找到乐趣，同时也能减轻自己因不足而承受的压力。自嘲在活跃气氛的同时，更能让别人欣赏你。

2.分小组讨论，自嘲还有哪些优点呢？

参考案例

A：自嘲能缓解尴尬。

B：自嘲能让别人感受到自嘲者的幽默。

C：自嘲能让别人欣赏自己。

小提示

　　语言是看不见摸不着的，但其本身蕴藏着巨大的能量。积极、温暖的语言能让人变得自信、乐观；攻击性和伤害性的语言可以毁掉一个人。

活动三　你会自嘲吗？

一、活动准备

排练情景剧。

二、活动地点

多媒体教室。

三、活动任务

1.阅读以下内容，思考：遇到以下情景，如何通过自嘲的方式化解尴尬？请将答案或建议写在文后的横线上。

场景一：在全班认真专心听课的时候，某个同学不小心放了响屁，全班哄堂大笑。如果是你，你会如何化解尴尬？

场景二：当别人说你长得不够高时，你会说什么？

场景三：当你第一次当班长的时候，你布置一个任务给班上的同学，让同学们把桌子搬到窗户旁边，空出中间的场地做活动。班上的同学不愿意去做，当众说："要搬你自己搬，我们不愿意做！"

参考案例

A：针对场景一，我会说："对不起老师，我真不是故意的，只是因为你讲的课实在是太精彩了，让我有点忘乎所以，所以出了丑。"

B：针对场景二，我会说："确实，我一直错误地认为，浓缩之后会成为精华。既然成不了精华，我还是继续努力长高吧。"

C：针对场景三，我会说："你们说的好像很有道理，我是班长，班长就是'搬长'，我不带头搬，怎么请得动大家？我先做，大家跟着做！"

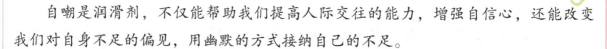

小提示

自嘲是润滑剂，不仅能帮助我们提高人际交往的能力，增强自信心，还能改变我们对自身不足的偏见，用幽默的方式接纳自己的不足。

活动四　一棵小树苗

一、活动准备

碎纸条、沙包。

二、活动地点

操场。

三、活动任务

1.角色扮演：一位同学扮演"小树苗"、一位同学扮演"雨"（用碎纸条撒向扮演小树苗的同学）、一位同学扮演"雷电"（用沙包丢向扮演小树苗的同学）。

2. 请扮演"小树苗"的同学思考：当你遭受到"雨"和"雷电"的打击时，你的心情是怎样的？

3. 请扮演"雨"和"雷电"的同学思考，当你向同学扔碎纸条或沙包时，你是否想象过"小树苗"的承受力？如果有人也向你扔碎纸条或沙包，你的心情是怎样的？

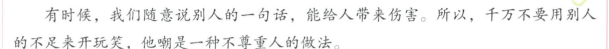

有时候，我们随意说别人的一句话，能给人带来伤害。所以，千万不要用别人的不足来开玩笑，他嘲是一种不尊重人的做法。

活动五　用幽默击败他嘲

一、活动准备

准备幽默小故事。

二、活动地点

班级教室。

三、活动任务

1. 阅读以下故事并思考问题。

故事一

刘小安是油性皮肤，脸上不仅出油，而且还长痘痘，用了好多药，还是不见效。实训课上，老师给同学布置当天的学习任务——肉沫炒豌豆。一个同学举着手说："我们这一组不用领食材了。"老师问为什么，那个同学故意说："我们和刘小安是一个组的，就不用了嘛。"同学们听后哈哈大笑。老师赶紧为刘小安解围，说："有痘是正常的哦，证明你正青春年少，老师岁数大了，我有时也希望自己脸上能再长点小痘子，但就是长不出来。"

故事二

王小明因为饭量大，被班上的同学取了个外号，叫作"大胃王"。当王小明打饭被同学李双叫"大胃王"时，王小明气急败坏地说："你才是大胃王，你再说，看我怎么收拾你！"说完朝李双同学扑了过去。

读完两个故事，请同学们反思：幽默和他嘲各有什么特点？请为王小明同学想一句自嘲的话，让同学们以后不再为吃饭的事嘲笑他。

2.同学们分享对幽默的理解。

参考案例

A：幽默能化解人际交往中的一些矛盾。

B：幽默能缓解尴尬。

C：幽默好像就是一种自嘲。

D：不要随便去嘲笑他人。

小提示

　　自嘲也是幽默的一种方式，在面对他人嘲笑的时候，动手、辱骂只能发泄当时的情绪，并不能减轻所受的伤害。最好的回击是用自嘲的方式说回去，这样做不仅能表现出你的态度，而且能让嘲笑你的人知道你不喜欢这样。

在荆棘中长成的玫瑰 主题八

没有人能不经历挫折，正如玫瑰总是生长在荆棘中一样。

活动目标

1. 能清楚认识到每个人都会经历挫折。

2. 用积极的心态面对挫折。

活动一　交换人生

一、活动准备

准备 10 张卡片，上面写着十种人生故事。

二、活动地点

班级教室。

三、活动任务

1. 听说你对自己的人生不满意，老师准备给你换一种生活。请同学们抽取老师手中的卡片，并用心体验卡片上的人生。

2. 思考：对于卡片上显示的内容，你满意吗？如果选择这样的生活，你会有什么样的感受？

1. 某某遇到一次严重的交通事故，失去了一条腿。

2. 某某遭受了三次以上校园暴力，；留下了严重的心理阴影。

3. 某某的学习成绩一直不好，今年，他靠自己的努力考了 60 分，被父母认为是抄同桌的。

4. 某某什么事情都做不好，而他的姐姐各方面能力都比他强。家里人经常表扬姐姐，时不时批评和指责某某。

5.某某特别好强，各方面表现突出，但人缘太差，周围的人不喜欢和他一起玩。

6.某某最喜欢的人，其实特别不喜欢他。

7.某某的家庭很富有，可在一次意外中，他家破产了。

8.某某是个女孩子，但父母不喜欢她，只喜欢哥哥和弟弟，经常辱骂她，让她承担家里的大部分家务，而哥哥和弟弟什么也不用做。

9.她因为经常不爱惜自己的身体，得了绝症，医生说，只能活半年了。

10.父母认为她是家里的老大，就应该好好照顾弟弟妹妹，不管分什么，都要她让着弟弟妹妹。

3.思考：经过抽签，"选择"了以上不同的人生，请与自己的人生进行对比，要怎样开展行动，才能获得我们渴望拥有且让自己满意的人生？请将答案写在下面的横线上。

_____

_____

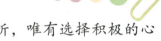

小提示

　　不管什么样的人生都不可能一帆风顺。不管遇到什么挫折，唯有选择积极的心态去面对，才能最终战胜挫折。

活动二　谈收获

一、活动准备

收集节奏轻快的音乐。

二、活动地点

班级教室。

三、活动任务

1.分享历史人物故事，再次感受人生经历中的种种挫折。

2.同学们在轻快的音乐中谈一谈收获，一位同学将大家的收获记录在下面的横线上。

_____

_____

_____

小提示

　　成功的背后必定有挫折随行，就像美丽的玫瑰花总带着刺。成功就像美丽的玫瑰花园，挫折就像花园丛中的荆棘。所以，不要害怕路上的荆棘，因为只要穿过荆棘，就会有美丽的玫瑰花等着你。

拓展阅读–名人论"挫折"

主题九　你会说"不"吗?

　　在生活学习中,有的同学不懂得拒绝,遇到别人要求自己做而自己又不愿意做的事情,不会勇敢地说"不";有些同学怕得罪别人,不敢坚持原则或规则,不敢说"不";有些同学虽然敢于说"不",但使用的方法不当,从而引起别人的不满,引发不必要的矛盾。

　　其实,说"不"并不像你想象的那么难。要正视自己的内心,勇敢说"不";要考虑他人的感受,正确说"不";要坚定自己的立场,大胆说"不"。

活动目标

1. 正视自己的内心,勇敢说"不"。

2. 为他人着想,正确说"不"。

活动一　人云亦云

一、活动准备

1. 准备彩色图画。

2. 班主任做活动主持人。

二、活动地点

班级教室。

三、活动任务

1. 主持人念什么,同学们跟着念,不管内容是否正确。

2. 请同学们反思:当主持人念出错误的信息,要求你复述的时候,你的心情是怎样的? 请将自己的所思所想写在下面的横线上。

_____

小提示

　　当我们违背自己内心的真实想法而说谎时，心理体验感很差，有难受、别扭甚至委屈的情绪。

活动二　帮她出出主意

一、活动准备

多媒体课件。

二、活动地点

多媒体教室。

三、活动任务

阅读以下故事，思考问题，并将你的建议写在下面的横线上。

　　晓晓是某校的一名中职生，在学校里，她结交了很多好朋友，每天一起学习，一起参加社团，分享心中的秘密，过得很开心。但最近有件事困扰着她，她不知道应该怎么解决。同寝室的同学总是请她帮忙打饭，起初帮忙打一份还好，但是最近演变成一个宿舍的五六个同学都请她帮忙打饭。所以，晓晓每次去打饭都感觉很委屈，排在她后面的同学意见很大。她应该怎么办？请帮她出出主意。

_____

_____

参考案例

A：装病，不去打饭。

B：直接对同寝室的同学说，她不想帮忙。

C：不按寝室同学的要求打饭，故意弄错，让她们下次不敢找晓晓帮忙。

活动三 你愿意吗

一、活动准备

多媒体课件。

二、活动地点

多媒体教室。

三、活动任务

1.生活中，别人可能会请你帮忙做某些事情。如果别人请你做下面这些事情，你愿意吗？请将答案写在下面的横线上。

（1）当你很认真地在写作业，一旁的同学突然叫你把作业给他抄一下。

（2）某人经常让你帮他打扫教室卫生。

（3）某人经常让你用微信帮他转发广告。

（4）某人未经你同意，经常用你的饭卡买饭。

（5）某人未经你同意，经常用你的洗发水、牙膏等生活用品。

_____

_____

2.思考：当别人请你帮忙做你不愿意做的事情时，你会拒绝吗？你是怎样说"不"的？请将答案写在下面的横线上。

_____

_____

活动四 勇敢说"不"

一、活动准备

推选一位主持人。

二、活动地点

班级教室。

三、活动任务

1.同学们两人一组，选取下列任一场景，进行对话，并且大声地说三遍"我不愿意"或"我不同意"。

2. 请两组学生上台进行表演。

<h3 style="text-align:center">第一组</h3>

甲：我的手机欠费了，把你的手机卡借我打几把游戏，好吗？

乙：不行，我的手机卡和银行卡是从不借人的，连家里的哥哥姐姐我都不借的。

<h3 style="text-align:center">第二组</h3>

甲：我的校服洗了还没有干，明天借你的校服穿一天，行吗？

乙：不好意思，我只有一件校服，借你穿，我就没得穿了。

<h3 style="text-align:center">第三组</h3>

甲：你的作业做完了，顺便也把我的一起做了吧。

乙：自己的事自己做。我还有其他的事要忙，帮不了你。

<h3 style="text-align:center">第四组</h3>

甲：明天放学我到你家去玩，好吗？

乙：对不起，我回家还要帮爷爷奶奶做家务，不能带你回家玩。

小提示

当他人提出让你做你不愿意做的事情时，要正视自己内心真实的想法，不愿意做的事情要勇敢说"不"，不必觉得害羞，更不要觉得害怕，要学会表达。

<h2 style="text-align:center">活动五 怎么正确说"不"</h2>

一、活动准备

多媒体课件。

二、活动地点

多媒体教室。

三、活动任务

思考：很多同学担心自己如果拒绝别人、说"不"时，会破坏和朋友的友谊，会被孤立。请阅读下面的拒绝方式，你更容易接受哪一种？

A：使用反问语气

凭什么每次都是我帮你打饭啊，你没有手吗？这次我不打，你自己打。

B：晓之以理

对不起，我不想帮你打饭。你知道吗？每次我都要打五六个人的饭，首先是我拿不了这么多，其次是后面的学生一直在说我，我很尴尬。如果是一两次还好，但是经常这么做，我压力很大。

C.态度坚决，不拖泥带水（看着对方的眼睛）

对不起，我没有为了帮助别人而影响学校良好秩序的习惯。

小提示

清楚且自信地表达，相信朋友是可以理解的。但尽量少用反问句，反问句的攻击性比较强，它的语气不是每个人都能够接受的。

生活智慧

1.学会拒绝是一门艺术，学会满足自己真正的需求，治愈自己，在成为真正的自己之后，再在力所能及的范围内，学会帮助身边的人。

2.停止讨好，但也不必放弃自己的善良。我们不必为了让自己感觉好一点，才去对别人好。我们对别人好，是因为我们本来就很善良。

道歉的力量　主题十

道歉不是妥协，也不是惧怕，是真诚地表达愧疚，以获得他人谅解的一种做法；是珍惜自己、尊重他人的一种坦荡和豁达。

生活中，难免有处事不当、为人欠妥，甚至做错事给别人带来伤害的时候，与其寻找各种理由去掩盖，不如放下内心的纠结和胆怯，勇敢真诚地道歉。

也许，并非所有的道歉都能换回"没关系"三个字，并非所有的道歉都会被谅解，但是我们仍然需要去真诚地道歉。

活动目标：

1. 了解道歉的力量。

2. 遇事懂得反省。

3. 做错事要勇于承担。

活动一　小树如何自救

一、活动准备

准备书包、皮包、书本等物品，排练情景剧。

二、活动地点

班级教室。

三、活动任务

1. 选一位同学扮演"小树"。

2. "小树"代表同学们的内心，书包、皮包、书本等代表各种压力。在书包、皮包、书本等物品上面贴上字条，上面写有"愧疚、难过、害怕"等字样。

3. 同学们让"小树"拿书本、抱东西，把书包挂在"小树"的身上。

4. 当"小树"承受不了重物时，可弯下腰。

5. 在"小树"弯腰后，同学们拿走挂在其身上的物品。

6.思考：当"小树"承受不了压力时，为什么要"弯腰"？请将答案写在下面的横线上。

_____

_____

小提示

道歉的力量可使"小树"不再弯腰，变得挺拔。

活动二　怎样道歉

一、活动准备

排练情景剧。

二、活动地点

班级教室。

三、活动任务

观看以下情景剧并思考。

情景剧一

放学了，同学们蜂拥着往食堂走去，都想着赶快吃饭，而食堂里已经吃完饭的同学也急着向食堂外走。一不小心，一个匆匆向外走的同学和一个进入食堂的同学撞了个正着，进食堂同学的手机被撞落在地。向外走的那位同学急忙捡起手机，嘴上不停说着："对不起，同学，是我走得太急了。"与他相撞的那个同学看看手机，说："对不起，都怪我，是我的错。"

围观的人群本来想看热闹，见此情景，便一哄而散。

情景剧二

食堂中，打饭的人排着长队，随着一定的节奏向前移动。站在前面的同学甲忙着看手机，没发现队伍在前移，反而向后退了一步，正好踩在后面同学乙的脚背上。被踩到脚的同学乙"啊"地叫了一声，急忙用手护着脚，显然有点痛，但他马上对着前面的同学甲说："对不起，对不起。"踩人的同学甲也赶紧说："对不起。"

踩人的同学甲说："明明是我踩了你，你怎么还说对不起？"

被踩的同学乙说："是我反应不够快，对不起。"

两人相视而笑。

小提示

双方主动真诚道歉，不是做戏，也不是怕事，而是"相逢一笑无恩仇"。

活动三　这是道歉吗

一、活动准备

课件。

二、活动地点

班级教室。

三、活动任务

阅读以下小故事，思考：这是道歉吗？

故事一

对不起，如果……

同寝室的两个同学因为早起上厕所而发生争执，事后，同学甲主动向同学乙道歉，同学甲说："如果你以后不跟我争厕所，我就为自己刚才的行为跟你说声对不起。"

故事二

对不起，我只是想……

同学甲喜欢热闹，经常约同学乙和他一起去吃饭，并说好饭钱采取 AA 制。但同学甲总是找各种理由不付钱，最后都是同学乙付钱。同学乙不想再与同学甲来往，有意疏远同学甲。有一天，同学甲找到同学乙，对他说："我很遗憾，我的所作所为让你产生误会了。对不起，我约你出去吃饭，只是想让你多交几个朋友，并不是有意让你给我付钱的。"

故事三

我已经说过对不起了，你还想怎样？

同学甲、乙两人同在美发班，并且是好朋友。

老师让同学们购买实训用的材料，如洗发、护发用品等。

同学甲总是对同学乙说："你先买，先用你的。我下个月买，再用我的。这样节约些。"

同学乙也没多想，觉得可行，就同意了。

同学乙购买的实训用品快用完了，但同学甲承诺购买的实训用品还是没有见到。

同学乙问："你的用品什么时候到？我的快用完了。"

同学甲说："对不起啊，快到了。"

过了几天，同学乙又问同学甲："你是不是骗我啊，东西怎么还没到？"

同学甲说："我不是已经跟你说对不起了，你还要怎样？"

故事四

是老师让我向你道歉的……

同学甲与同学乙住同一寝室。

同学甲性格大大咧咧的，没有得到同学乙的允许，就使用同学乙的脸盆、漱口杯等。

同学乙提醒同学甲："你怎么没经我同意就用我的东西啊？"

同学甲说："我没想到，你还是个讲究的人呢，不让用我就不用了。"

同学乙说："那你说话算话啊。"

从那以后，同学甲不再用同学乙的脸盆、漱口杯等。但是，同学甲又多了一个毛病：趁同学乙不在寝室，不在自己的上铺睡觉，而老是在同学乙的床铺上休息。

同学乙只能把情况反映给老师，老师给同学甲分析了整个事情的来龙去脉，要求同学甲主动找同学乙道歉，得到同学乙的谅解。

同学甲于是找到同学乙，对他说："是班主任老师让我来找你的，她说让我向你道个歉。"

故事五

好吧，对不起，行了吗？

刘雄在某中职学校汽修专业就读，在上文化课的间隙，他喜欢一个人到教室外走廊尽头的窗边去玩。他觉得那个地方的窗户可以看到外面的小山，山上经常飞过一些小鸟，特别好看。

有一天，刘雄到窗边的时候，发现窗户旁边站着一个女孩。女孩抬着头，用手堵着鼻子，但鲜红的鼻血还是从指缝里漏了出来。刘雄急忙到医务室找来棉球，递给女孩，让她塞到鼻子里，又叫她用冷水拍后脑勺，果然，女孩的鼻血止住了。

女孩很感激刘雄，主动加了刘雄的微信，并告诉刘雄，她的名字叫芳芳，是隔壁班美容专业的。

从那天以后，他经常会在窗边遇到芳芳和她的闺密，大家一起聊天很开心。

渐渐地，刘雄觉得见到芳芳的那一天会很开心，没遇到的时候，他就很期盼能见到芳芳。

有一天下课，刘雄照例到窗边找芳芳。还没到窗边，他就发现芳芳正在和一个男同学聊天，男同学似乎很兴奋，说到精彩处，竟然用手肘去碰芳芳。芳芳竟然也没有躲开，而是哈哈大笑。

刘雄想也没想，直接过去将那个男同学打倒在地，并且警告他："以后不准碰我女朋友。"

芳芳也被刘雄的话吓跑了。

老师知道后，让刘雄向那个男同学道歉，刘雄恶狠狠地对男同学说："老师既然这么说，那我向你道歉，对不起，行了吧！"

小提示

道歉是内心真诚歉意的表现，以上的道歉，要么附加条件，要么语气中带着不情愿，不是夹杂着威胁，就是掺杂着控制等。虽表面看起来有"对不起"三个字，但道歉人的体态、动作、神情、语气等已经透露出"道歉"的不真诚，所以，以上的"道歉"不能称为道歉。

活动四 有效的道歉

一、活动准备
多媒体课件。

二、活动地点
多媒体教室。

三、活动任务
讲述负荆请罪的故事，并思考：应该如何表达真诚的歉意？

参考案例

1. 我错了，请求你的原谅，如果你暂时不能原谅我，我可以先离开，但我会等待，直到你真的原谅我。

2. 所有的理由和借口都是苍白的，我心甘情愿承受这个错误带给我的惩罚，会默默等待你的谅解。

3. 不管你原不原谅我，我还是要向你说声"对不起"。

_____

_____

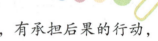

小提示

有效的道歉，是有感同身受的真诚，有羞愧难当的懊悔，有承担后果的行动，有不被对方原谅的心理准备。

活动五　给自己道歉，与自己和解

一、活动准备

思考道歉的意义。

二、活动地点

班级教室。

三、活动任务

如果意识到自己犯错，要学会给自己道歉，和自己和解。请阅读以下案例，并将感悟写在横线上。

参考案例

1. 因为工作过于劳累，生病了。对自己说："我的身体，对不起，我没有照顾好你，让你受累了，请你快快好起来。"

2. 因为对自己要求太高了，精神过于紧张。对自己说："对不起，这段时间我太紧张了，让你跟着我高速运转，实在太受累了。"

3. 因为对朋友太负责了，过于担心朋友以致生病了。对自己说："对不起，我太过于担心别人了，忽略了你的承受能力，让你受苦了，请你快快好起来。"

_____

小提示

　　给自己道歉，是为了让自己保持积极向上的精神动力，也是与自己和解的一种方式。

拓展阅读–罪己诏

主题十一　心中有规矩，行为定方圆

古人曾说："凡善怕者，必身有所正，言有所规，行有所止，偶有逾矩，亦不出大格。"意思是：凡是知道畏惧的人，自身行为端正，说话有分寸，行为不冲动，偶尔有些出格的行为，也不会有太大的过失。反之，如果不知道畏惧之人，为所欲为，毫无顾忌地干坏事或大胆地乱做事，以至凶恶残忍、丧尽天良，最终必将落得一个自取灭亡的下场。

故心有敬畏，方行有所止。知所为，知所不为。

活动目标

理解什么是敬畏，并树立敬畏思想。

活动一　敬畏规则——生活处处有规矩

一、活动准备

班主任做活动主持人，将学生分成四组。

二、活动地点

班级教室。

三、活动任务

将班级同学分成四组，分别对下列情景进行沉浸式思考并讨论。请将每组的讨论结果写在下面的横线上。

A. 一场没有比赛规则的足球赛。

B. 一个没有安全规则的农贸市场。

C. 一条没有交通信号灯，但是来往车辆很多的道路。

D. 一个没有法律的国家。

_____

_____

小提示

法律是最大的规则，尊重"规则"，你才能拥有更多的自由。

活动二 敬畏规则——纪律是怎么产生的？

一、活动准备

排练情景剧。

二、活动地点

班级教室。

三、活动任务

1.观看以下情景剧，并思考定立规矩的必要性和重要性。

时间：1927年10月

旁白：1927年10月，红军的队伍来到江西省吉安市井冈山。因刚刚遭遇地主武装袭击，战士们又累又饿，格外疲惫。

战士们互相搀扶着走过村庄，因为长期饥饿导致营养不良，有的战士走起路来已经有些摇摇晃晃。突然，一名红军战士看着路边的地里长着红薯，他兴奋地跑过去，用手扒开土，挖出红薯狼吞虎咽地吃了起来。其他红军战士也蜂拥着挖地里的红薯。

红军的队伍走过后，老乡见到一片狼藉的土地，生气地说："不是说红军是咱老百姓的队伍，为什么还要挖咱们老百姓的红薯？你们把红薯吃了，让我们一家人怎么过啊？"

有人反映了这件事。

毛泽东同志说："红军是人民的队伍，是尊重人民懂规矩的队伍，没有纪律约束怎么行？从今天起，定下纪律，不准挖群众的红薯。"

（根据2021年6月3日《中国国防报》我军三大纪律八项注意是怎样形成的改编。）

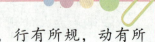

小提示

规矩是在实践中不断形成的。红军队伍在规矩的管束下，行有所规，动有所止，行为举止有界限，得到了老百姓的拥护和爱戴。

2.思考"三大纪律八项注意"在红军队伍成长过程中所起的作用。

_____

_____

小提示

"三大纪律八项注意"让红军迅速变成一支讲规矩、守纪律的队伍，一支为人民服务的队伍，一支不侵害劳苦大众利益的人民队伍。

活动三　敬畏规则——"规则"竞拍会

一、活动准备

课件。

二、活动地点

班级教室。

三、活动任务

游戏："规则"竞拍会。

游戏规则：学校将邀请兄弟中学来本校参加足球赛。为保证足球赛的顺利进行，现将此次比赛需制定的"规则"进行拍卖，各小组参与竞拍，展示小组制定的各项规则。全班同学参与投票，票数最高者获得此次比赛的"规则"制定权。

活动四 敬畏规则——再识规与矩

一、活动准备

课件。

二、活动地点

班级教室。

三、活动任务

阅读并思考，结合所学专业，列举本专业实训过程中与"矩、规"用途相近或相同的工具，并说说，这些工具是如何使用的？

参考案例

剪发时，为让头发剪出层次感，理发师会用梳子梳起一层层头发，再用剪刀一层层剪好，梳子的作用和"规"的作用一样，剪刀的作用和"矩"的作用一样，帮助理发师剪出有层次感的头发。

知识链接

墨子说："百工（各种手工业者和手工业行业的总称）为方以矩，为圆以规，直以绳，正以悬，平以水，无巧工不巧工，皆以此五者为法。"墨子所说的"矩、规、绳、悬、水"，便是人们常说的"百工五法"。矩是用来画方正的工具，古代叫鲁班尺，经过演变，如今叫直尺或三角尺；规是画圆的工具，现用于教学及工程建设等，叫作圆规；绳是用来画直线的工具，古代叫作绳墨，现今叫作墨斗；悬是测定垂直的工具，现称线锥（坠）；水可作测量高低平斜的工具，古代叫水臬，现今称为水平仪或水平尺。百工五法是工匠生产技艺中最基本的工具。

知识链接

三大纪律八项注意

1928年春，工农红军在井冈山的时候，规定了三项纪律：第一，行动听指挥；第二，不拿工人农民一点东西；第三，打土豪要归公。1928年夏，提出了六项注意：一、上门板；二、捆铺草；三、说话和气；四、买卖公平；五、借东西要还；六、损坏东西要赔。这被称为"三大纪律六项注意"。

1929年以后，毛泽东同志又将三大纪律中的"不拿工人农民一点东西"，改为"不拿群众一针一线"。"打土豪要归公"改为"筹款要归公"，后来又改为"一切缴获要归公"。对于六项注意，增加了"洗澡避女人"和"不搜俘房腰包"两项内容，从而成为"三大纪律八项注意"。

拓展阅读

曹操割发代首

公元198年（建安三年），曹操对张绣进行第二次征伐。正值割麦季节，为严明军纪，军队出发前，曹操下令军队将士："凡践踏麦田者一律斩首！"当看到将士们经过一片片麦地时小心谨慎的样子，他的心中十分高兴。

突然，一只受惊的斑鸠从麦田中飞出，扑撞到曹操的战马身上，战马受惊，"噌"地蹿入麦田，蹭倒了一大片麦子。曹操飞步上前，勒住马缰，下令全军停止前进。他要执法官为自己定罪，被执法官拒绝。曹操要举刀自杀，被众人劝住。于是，他就用剑割断自己的头发说："那么，我就割掉头发代替我的头吧。"

（《摘选自《三国演义》）

诸葛亮挥泪斩马谡

诸葛亮发动了一场北伐曹魏的战争。他命令赵云、邓芝为疑军，占据箕谷，亲自率十万大军突袭魏军据守的祁山。任命参军马谡为前锋，镇守战略要地街亭。临行前，诸葛亮再三嘱咐马谡："街亭虽小，关系重大。它是通往汉中的咽喉。如果失掉街亭，我军必败。"

马谡到达街亭后，不按诸葛亮的指令依山傍水部署兵力，骄傲轻敌，自作主张地想将大军部署在远离水源的街亭山上。

后来，因为马谡的骄傲自大导致街亭被破，诸葛亮不得不挥泪斩马谡。

（摘选自《三国演义》）

穰苴（ráng jū）斩庄贾

齐景公时，晋国和燕国的军队入侵齐国，齐国的军队节节败退，晏婴向景公推荐田穰苴，认为他文武双全。景公与穰苴谈话后非常满意，决定封他为大将，请他率领军队去抵御晋国和燕国的军队。穰苴担心他初来乍到会引起官兵的不服气，于是景公便派出自己宠信的大臣庄贾去担任监军（监督军务的官吏）协助他。

　　穰苴与庄贾约定第二天训练士兵，请监军正午准时到军营。第二天，穰苴提前来到军营，命令士兵立表下漏，以确定准确的时间。

　　庄贾素来骄贵，仗着景公的宠信有恃无恐，虽然做了监军，但根本就没有把穰苴放在眼里，只管和送行的亲戚朋友大吃大喝。穰苴只好自己集合部队进行训练，直到太阳落山，庄贾才醉醺醺地来到军营。穰苴问他为什么来得这样迟，庄贾满不在乎地说是亲戚朋友留他喝酒，所以来迟。

　　穰苴问军纪执法官：“将军误期不至，蔑视国纪，该当何罪？”执法官回答：“按军法，当斩首示众。”穰苴叫左右军士把庄贾推出去执法。庄贾这才大惊失色，一面连声高叫，一面命随从赶快向景公禀报，请求赦令。穰苴不由分说，叫军士立即执行。三军将士眼见庄贾血淋淋的头，无不震惊惧服。

（摘选自《史记·司马穰苴列传》）

习惯养成篇

一旦做某件事情成为习惯，你将自然而然地去做它，无须外界的提醒。你不会感到抗拒，也不会产生厌倦感，而是在不经意间完成，并从中获得独特的满足感。

习惯拥有坚韧和强大的影响力，它能够在很大程度上决定我们的生活方式和人生轨迹。

主题十二　良言一句三冬暖——好好说话

日常生活中，有些人在与他人的交往过程中，不注意说话的语气、态度等，随口一句难听的话，如一把刀子插在他人心头。这些不好好说话的人，还喜欢打着"心直口快"的旗号，正大光明地伤害别人，造成伤害后，还理直气壮地要求别人理解他。

世界上最有征服力的武器是语言，一句话可以让人的心情跌入低谷，也可以让人重振精神。

作为中职生，学会好好说话，能养成文明的习惯，增进同学之间的感情，形成良好的班风。

活动目标

1. 认识在人际交往过程中，好好说话的重要性。

2. 规范自身言语，学会好好说话。

活动一　成也语言，败也语言

一、活动准备

课件。

二、活动地点

班级教室。

三、活动任务

阅读以下故事，思考因为不好好说话，产生了什么样的后果。

从前，有一个小镇，镇上的居民们和睦相处，互相帮助。有一个名叫小张的人，他有一个坏习惯，就是说话不经大脑，常常得罪人。

有一天，镇上举行了一场盛大的庆典活动，居民们都兴高采烈地参加。小张也在其中。

在庆典上，小张遇到了邻居小李。小李穿着一件漂亮的新衣服，小张却嘲讽道："哎呀，小李，你怎么穿得像个花孔雀一样？是想吸引谁的注意呢？"小李听了，感到非常尴尬和伤心，默默地离开了。

接着，小张又遇到了朋友小王。小王正在吃一块蛋糕，小张却挖苦道："小王，你怎么这么贪吃？不怕变成大胖子吗？"小王听了，感到很受伤，默默地放下了蛋糕。

小张感到非常不解，他不知道为什么朋友都不理自己，也不知道为什么自己的朋友越来越少。

小·提·示

在与他人沟通的过程中，最重要的是解决问题，而不是制造问题。与他人沟通，是解决问题还是制造问题，取决于如何说话。

活动二　语气不同，效果不同

一、活动准备

分小组，两人一组。

二、活动地点

班级教室。

三、活动任务

同一句话，用不同的语气说出来，表达的意思也不一样。两人一组，用不同的语气对同桌说下面这些话，注意表情和语气，听到的同学要反馈听到时的感受。

愤怒：你想干什么呀！

不耐烦：你想干什么呀！

开心：你想干什么呀？

温柔：你想干什么呀？

活动三　语言暴力

一、活动准备

1. 准备一张图片，上面列举同学们经常说的不好的语言，可用图画代替。

2. 准备一张图片，上面列举一些让人感觉温暖的词语。

3. 准备一张白纸。

二、活动地点

班级教室。

三、活动任务

1. 从同学中推选出一个主持人。

2. 主持人展示一张图片，上面列举同学们经常说的不好的语言。

3. 主持人手拿一张白纸，学生每说一个不好的词，主持人就用手搓揉一下白纸，如图 12-1 所示。

4. 主持人展示第二张图片，上面是让人感觉温暖的词语。

5. 随机抽取一名学生带着情感念这些温暖的词语，学生每说一个词，主持人就在手中把褶皱的白纸展开一点，如图 12-2 所示。

图12-1　被揉搓的白纸

图12-2　展开的白纸

6. 请同学们将活动反思写在下面的横线上。

_____

_____

> **小提示**
>
> 　　白纸如同我们的心灵，恶言恶语会使心灵受到伤害，无论怎么弥补，那些恶言恶语都已在心灵深处留下了不可抚平的痕迹。

活动四　看图思考问题

一、活动准备

　　课件。

二、活动地点

　　班级教室。

三、活动任务

　　看图，思考与人交流时为何要注意自己的语言（见图12-3、图12-4）？

图12-3　不恰当语言（1）　　　　　　　　图12-4　不恰当语言（2）

> **小提示**
>
> 　　语言是有生命力的，它具有创造力，同时也具有毁损力。

习惯养成篇

活动五　反省自己的语言

一、活动准备

课件。

二、活动地点

班级教室。

三、活动任务

反思：我们生活中是否存在不好的语言习惯？请将思考结果写在下面的横线上。

_____

_____

参考案例

1. 开不恰当的玩笑。异姓之间不能乱开暧昧的玩笑、引起误会的玩笑，更不能开低俗的玩笑。

2. 评头论足。不要轻浮地议论甚至是羞辱别人的容貌。

3. 传播流言蜚语。在背后议论他人是没有教养的表现，对别人的了解应建立在自己的观察与独立思考之上，不要人云亦云。

4. 身材嘲笑。不要以个人主观审美标准评判别人的身材。

5. 经常使用反问句，否认别人，以展示自己的语言权威，这也是一种不自信的表现，既伤害了别人，也会让自己背上不会说话的骂名。

6. 经常说别人的缺点和不足，用言语打压别人，从而让别人觉得不如自己。

7. 拿别人父母的名字开玩笑。

活动六　好好说话

一、活动准备

课件。

二、活动地点

班级教室。

三、活动任务

阅读以下故事，思考怎样才算好好说话。请将答案写在文后的横线上。

故事一

不要把话说得太满

甲："小涵，你就不要再为这事烦恼了，我保证帮你办妥。"

乙："那太谢谢你了，我该怎样感谢你呢？"

甲："咱俩的关系，不用提'谢'字。"

几天过去，乙找到甲，说："小斌，你帮我办的事办好了吗？"

甲："这个，那个……我没想到事情这么复杂，我找了很多人帮你问，实在是有点麻烦……"

乙："唉，真是的，办不了就说办不了，事先不要说得那么肯定嘛。唉！"

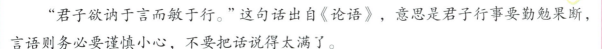

　　"君子欲讷于言而敏于行。"这句话出自《论语》，意思是君子行事要勤勉果断，言语则务必要谨慎小心，不要把话说得太满了。

故事二

你怎么能这样

甲："小涵，把作业交给我了"

小涵："我还要改一下，下课给你行吗？我昨天问过老师了，他让我改好再交。"

甲："小涵，别打着老师的旗号，为你的懒散找借口。你做什么事情都乱七八糟的，怎么能这样啊？"

小涵："我？"

老师走进教室，对小涵说："我让你改的作业慢慢改，不用着急。"

甲："啊？！"

小提示

有的人觉得自己比别人优秀，就随意评论他人。殊不知，你有可能只知其一，不知其二。所以，在说话的时候，我们尽可能做到以下几点。

1. 保持平和的说话态度。

2. 保持合适的说话语调。

3. 保持专注的说话神情。

4. 保持文明的说话方式。

拓展阅读–谢谢你"说"过的那些话（戏剧）

在比较中成长　主题十三

人最大的对手是自己。如果我们能够准确地认识自己，了解自己的优点和缺点，并致力于改善自己，与自己竞争，那么美好的未来就会在不远处逐渐显现。

活动目标

1. 了解比较的几种类型。

2. 树立只和自己比的思想，保持自信和乐观的精神。

活动一　古今对比

一、活动准备

准备所需图片。

二、活动地点

班级教室。

三、活动任务

1. 同学们判断，下列事物哪些是我国古代就有的，哪些是近现代才有的？例如，高铁、煤油灯、洗衣机、轮船、毛笔等。

2. 思考：现代和古代相比，社会有了哪些进步？请将答案写在下面的横线上。

_____

_____

活动二　永远只和自己比

一、活动准备

同学们准备发言，谈谈自己的改变。

二、活动地点

班级教室。

三、活动任务

请同学们思考，和以前的自己相比，在成长的过程中，自己取得了哪些进步？

参考案例

比以前更理智。

比以前更勤快。

比以前知识面更广。

比以前更懂得如何与人交流。

小提示

　　跟强者比，你会很自卑；与弱者比，你会很自大；和自己比，你会很强大。所以，只和别人学，不和别人比。

活动三　鞋里的沙

一、活动准备

课件。

二、活动地点

班级教室。

三、活动任务

1. 经常拿自己与别人相比的人，就像往自己的鞋子里塞沙子。人生的路上，如果你的鞋里总有沙子，行走时自然不会感到轻松。请同学们对照下面列举的事例，看看哪些是你鞋子里的沙子。

A.总是和隔壁的高中生相比，认为自己没有考上高中，比较失败。

B.总认为自己长相太普通，个子有点矮，皮肤有点黑，眼睛不够大……

C.总认为自己的家庭不如别人的好，如父母离异或出现其他状况，就觉得自己是世界上最不幸的人……

D.总认为自己不讨人喜欢。

E.总认为自己很笨，没有长处。

F.总认为自己少一件衣服。

G.总认为自己家的房子没有别人家的好。

H.其他……

小提示

　　生活中，没有谁有义务照顾你的情绪，也没有谁有义务停下来等你长大。与其把时间消耗在无聊的比较之中，不如努力改变自己，向着目标砥砺前行。

　　2.既然沙子影响了我们前行的速度和心情，现在请同学们思考，如何对待沙子？请将思考的结果写在下面的横线上。

_____

_____

参考案例

第一种方式：扔掉沙子。

第二种方式：把沙子拿出来，做成人生的指路石。

1.认为自己不够好，从现在开始努力让自己变得更好。

2.认为自己能力不足，那就开始努力学习各种技能。

3.认为自己不够漂亮，那就多读书，多修炼自己的性格，提升自己的气质。

4.认为自己不够高，那就科学锻炼，注意营养均衡。

5.认为自己不会说话，那就好好练习如何说话。

6.认为自己的家没别人的好，那就好好珍惜现有的一切，努力将自己的家装扮得更好。

小提示

　　子曰：不怨天，不尤人，下学而上达，知我者其天乎？（选自《论语》）

　　译文：不埋怨天，不责备人，我学了些平凡的知识，从中领悟了高深的道理。了解我的，大概只有天吧？

拓展阅读–故事四则

成由勤俭 败由奢　　主题十四

成功有许多因素，而勤俭无疑是其中不可或缺的一部分。勤俭意味着我们不仅要努力工作，还要明智地管理和使用我们所获得的资源，这样才能确保长远的成功和可持续的发展。

同样，失败也可能由多种原因造成，但过度奢侈的生活方式是必然导致失败的因素之一。奢侈不仅会导致资源的浪费，还可能让人丧失奋斗的动力，忘记节俭和勤奋的价值。

因此，我们应该保持清醒的头脑，坚持勤俭的生活态度，这样才能确保我们的努力能够带来持久的成果，并避免因为过度奢侈而导致的失败。

活动目标

1. 树立勤俭的意识。

2. 养成勤俭的习惯。

活动一　捡芝麻

一、活动准备

准备一个竹篮、乒乓球若干。

二、活动地点

班级教室。

三、活动任务

1. 主持人走进教室，不小心将一篮子"芝麻"（乒乓球）撒落在地。

2. 主持人请同学们帮忙捡地上的"芝麻"。

3. 一个同学计算捡"芝麻"的时间。

小提示

　　将一篮子的"芝麻"倒在地上，只需要花1秒钟的时间；捡一篮子的"芝麻"则需要花上几分钟。捡"芝麻"的过程，如同勤俭的努力过程；倒"芝麻"的行为，如同奢侈的行为。故勤俭难，奢侈易。

活动二　勤与俭

一、活动准备

　　课前排练情景剧。

二、活动地点

　　班级教室。

三、活动任务

　　观看情景剧，思考勤俭的含义。

勤与俭的故事

一

　　地点：伏牛山

　　人物：吴成、吴小忧（哥哥）、吴小愁（弟弟）。

　　旁白：从前有一个名叫吴成的农民，他一生勤俭持家，过得无忧无虑。有一天，年迈的吴成躺在床上，他自觉时日无多。两个儿子在他的床前，看着他，神色悲戚。

　　吴成对两个儿子说："你们想要一辈子不受饥挨饿，就照着这两个字去做吧！"

　　说着，吴成将一块写着"勤俭"的匾额递给两个孩子，然后就离开了人世。

　　两兄弟悉心料理父亲的后事。过了几天，吴小忧对弟弟吴小愁说："我们俩还是分家吧。"

　　吴小愁说："好吧，那我们把父亲留下来的匾额也一分为二吧！"

　　说着，吴小愁将匾额分开，吴小忧得了一个"勤"字，吴小愁得了一个"俭"字。

二

　　吴小忧把"勤"字高高地挂在家中，每天日出而作，日落而息，到了秋天，稻谷丰登。

　　可他的妻子却有大手大脚花钱的习惯。

吴小忧的妻子说："我今天又买了一件新衣服。"

吴小忧说："你昨天不是刚买了一件吗？"

妻子说："那件已经过时了，不好看。"

吴小忧的孩子也不懂得节俭。如果觉得饭不好吃，他一口都不会吃。

三

吴小愁把"俭"字挂在家中的显眼处。

每天吃饭的时候，吴小愁都要对妻子说："要节约，不要做得太多了，吃不了浪费了可惜。"

早上，妻子叫他："吴小愁，快起来去播种了。"

吴小愁说："知道了，知道了。"说完之后，又继续在家里懒懒地坐着。

妻子对他说："吴小愁，快去收庄稼了。"

吴小愁不耐烦地说："知道了，等明天天气好了再说。"

四

有一年，天气大旱。吴小忧与吴小愁的家中空空如也。

吴小忧和吴小愁将挂在墙上的"勤"字与"俭"字扯下来，生气地说："我们都照着父亲的要求做的，为什么我们还这么穷啊？"

突然，从窗外飞来一张字条，上面写着"只勤不俭，就像端了一个没有底的碗，盛也盛不满；只俭不勤，坐吃山空，肯定要受穷挨饿。"

兄弟俩恍然大悟，急忙将"勤俭"的匾额拼在一起，重新挂在墙上。

旁白：从此，兄弟俩勤俭持家，过上了富足的生活。

刘迷糊的故事

一

刘迷糊懒懒散散地走到食堂，拿饭卡到窗口刷卡，说："阿姨，来一碗米粉，不加肉末。"只听电子刷卡机发出声音："余额不足，请先充值。"

食堂阿姨朝刘迷糊说："怎么又是你！又想趁我不注意，偷粉吃？"

刘迷糊拿起饭卡，理直气壮地说："拿错卡了，这张卡是废卡。"说着，便跑出食堂。

刘迷糊喘着气，看见正想走进食堂的班长，说："班长，好姐姐，借我5元吃饭。"

班长看着刘迷糊，用手臂挡开刘迷糊伸过来的手，不客气地说："又借钱？不行，我饭卡的钱也只够吃今天的。"说完，径直走开。

刘迷糊小声嘀咕："小气。"

二

刘迷糊一边走路，一边无聊地用树枝划墙壁。

生活委员走过来，拍了拍刘迷糊的肩膀说："刘迷糊，你在做什么？"

刘迷糊说："不要叫我刘迷糊了，我有新的名字，叫'刘（留）一手'。"

生活委员说："为啥啊？"

刘迷糊说："星期天返校，我爸给了我150元。第一天，我请同寝室的同学吃饭，花了80元；第二天，我吃饭时加了鸡腿，三餐用了30元；第三天，我买了30元的零食。今天早上吃了一碗粉，花了5元，所以，现在同学们都叫我'刘（留）一手'。"

三

刘迷糊有气无力地走在去食堂的路上。看见班长和生活委员，他高兴地走过去，对他们说："救星来了，班长、生活委员，请我吃顿饭吧。"

班长和生活委员说："刘（留）一手，为什么要请你吃饭啊，你不会把钱用完了吧？"

刘迷糊说："我现在不叫刘（留）一手了，我现在叫刘（留）一口。"

班长和生活委员说："为什么啊？"

刘迷糊说："都怪我，平时不听老师和同学的劝，不能控制自己的欲望，不会合理消费，几天就把钱用完了。同学们都躲着我，怕我借钱，说我是水里的蚂蟥——沾上便难脱。"

生活委员说："还有点自知之明。"

刘迷糊说："所以，每次吃饭的时候，我遇到同学，只能厚着脸皮说，把你们的饭菜留口给我。所以，我有了新的名字，叫'刘（留）一口'。"

生活委员和班长说："刘迷糊啊刘迷糊，你这是羊头插在篱笆上——伸首（手）容易缩首（手）难。一旦养成借钱的习惯，你还有什么自尊啊。你再不改掉这坏习惯，恐怕是竹山里试犁——寸步难行。"

请同学们将自己的思考结论写在下面的横线上。

_____

_____

活动三　合理花费

一、活动准备

准备纸和笔，制作消费计划表。

二、活动地点

班级教室。

三、活动任务

1.请同学们联系生活实际，思考以下几个问题。如果每个星期父母给你 200 元的生活费，你会怎样安排？准备将多少钱用于吃饭？多少钱用于人际交往？多少钱用于应急？多少钱用于穿衣购物？多少钱投资在梦想上？请将自己的支出计划写在下面的横线上。

_____

_____

2.如果父母每个月给你 1 500 元来管理整个家庭的开销，你将从哪几方面来平衡开支？如何将钱用在刀刃上，兼顾家庭成员及各方面的关系？家庭花费计划表如表 14-1 所示。

表 14-1　家庭花费计划表

学杂费	生活费	人情往来	生活开销	购置	交通费	其他

活动四　讲故事，悟道理

一、活动准备

准备关于勤俭或奢侈的故事。

二、活动地点

班级教室。

三、活动任务

将同学们分成几个小组，每小组派一位同学，分享发生在身边关于勤俭或奢侈的故事。

故事一

村子里有个叫艳芳的大婶是个奢侈不懂得节俭的人。她从来不计算家里有多少收入，买东西讲究一个随意。衣服要买名牌的，平常用的也要最好的。很快，家里就入不敷出，但她还继续过着奢侈的生活。没钱，就找朋友借，甚至到服装店去赊时髦衣服穿。过了没多久，服装店不再赊衣服给她了，朋友也不再借钱给她。后来，艳芳大婶在网上找到了一些信用借贷产品，拆东墙、补西墙，债台高筑。最后，艳芳大婶被金融部门列为"老赖"，一辈子不能坐高铁、飞机，不能出入高档场所。你们说，艳芳大婶还有救吗？

故事二

以前我不能理解爷爷奶奶的一些极度"抠门"的行为。例如，餐巾纸一次只能拿一张；去超市买东西给的塑料袋，他们会攒起来，再次使用；油锅里的油剩下一点也要倒回油壶里。我到企业实习之后，才知道钱不好挣，也理解了爷爷奶奶的不容易。他们经历过最艰难的物质匮乏年代，他们的行为不仅是一种惜物的表现，更是一种对物质资源的尊重。

活动五　积少成多

一、活动准备

准备代替货币的物件。

二、活动地点

班级教室。

三、活动任务

1. 同学们分成几个小组，给小组的每位同学准备"货币"150元。

2. 根据专业的不同，布置不同的任务，期限是一个月。

3. 每位同学准备一个小记事本，记录每个星期的消费。

4.每位同学每月以 150 元为消费上线，如果哪位同学月底时有节余，则给其加 10 元在小组"账户"上；如果没有节余，则从其小组"账户"上扣除 10 元。

5.一个月结束后，各小组晒出自己的账本，哪个小组剩余的钱多，哪个小组得分最高。

活动六　光盘行动

拓展阅读

一、活动准备

准备浪费食物的图片和吃光了食物的盘子的图片。

二、活动地点

班级教室。

三、活动任务

1.通过升旗仪式、校园广播、宣传栏、研学活动、志愿服务活动等多种方式，大力宣传"反对浪费，崇尚节约"的思想，让节约理念深入人心。

2.由学生组成志愿小分队，每天负责督促同学们践行"光盘行动"，鼓励同学们根据自己的食量取餐，避免浪费食物。

3.每天吃饭晒"光盘"照片，参与"光盘"行动，连续打卡一个月，可到老师处兑换小礼物。

主题十五　诚信行天下

诚信是中华民族的传统美德，自古以来就有"诚信行天下"之说。人与人交往，最重要的一点就是讲信用、守诺言。不诺则已，有诺必行。守信方得人信任，行诺方有人依托。反之，如言而无信，人难信其可也。

活动目标

理解并践行"诚信"。

活动一　为什么要讲诚信

一、活动准备

推选一名主持人。

二、活动地点

班级教室。

三、活动任务

每组派一位代表，讲述诚信及不诚信的故事。

主持词

尊敬的各位老师、亲爱的同学们：

古人说："人无信不立。"可见，诚信是立身之本。 学校里，一句如实的话语、一次守约的践行、一份作业的独立完成，皆为诚信缩影。

走入社会，在交通规则面前，如果人人遵守红灯停、绿灯行的规则，道路方能井然有序，人车畅行无阻；如果农民坚守诚信，不超标使用农药、不乱用化肥，种植出健康的绿色食品，才能让入口之食成为健康的保障 ；如果商家坚守诚信，不卖假货，不欺诈顾客，诚信买卖，那么，好的商品才能进入千家万户。只有诚信之树根繁叶茂，社会才能形成良性循环。

反之，若诚信缺失，猜忌与混乱终会如病毒一般蔓延，人际交往处处设防，交易成本飙升，社会发展也将陷入泥淖。

所以，每个同学都要讲诚信，成为诚信之人。下面，有请每组同学分享诚信及不诚信的故事。

参考故事

立木为信

春秋战国时期，秦国的商鞅在秦孝公的支持下主持变法。当时秦国正处于战争频发、人心惶惶之际，为了树立威信、推进改革，商鞅下令在都城南门外立一根三丈长的木头，并当众承诺：谁能把这根木头搬到北门，赏金十两。围观的人不相信如此轻而易举的事能得到这么高的赏赐，结果没人肯出手一试。于是，商鞅将赏金提高到五十两黄金。重赏之下必有勇夫，终于有人站出来将木头扛到了北门。商鞅立即赏了他五十两黄金。商鞅这一举动，在百姓心中树立起了威信，有效帮助商鞅接下来的变法在秦国很快推广开来。新法使秦国日渐强盛。

选自《史记·商鞅列传》

烽火戏诸侯

周幽王有个宠妃叫褒姒，为博取她的一笑，周幽王下令在都城附近二十多座烽火台上点起烽火（烽火是边关报警的信号，只有在外敌入侵需召诸侯来救援的时候才能点燃）。诸侯们见到烽火，率领兵将们匆匆赶到，才明白这是君王为博妃子一笑之举，随即愤然离去。褒姒看到平日威仪赫赫的诸侯们手足无措的样子，终于笑了。五年后，西夷犬戎大举攻周，幽王烽火再燃，而诸侯未到，因为谁也不愿再上第二次当了。结果幽王被逼自刎，而褒姒也成为俘虏。

选自《史记·周本记》

一诺千金

秦朝末年，在楚地有一个叫季布的人，性情耿直，为人侠义好助。只要是他答应过的事情，无论有多大困难，都设法办到，受到了大家的赞扬。

楚汉相争时，季布是项羽的部下，曾几次献策，使刘邦的军队吃了败仗。刘邦

当了皇帝后，想起这事，就气恨不已，下令通缉季布。

很多人敬慕季布的为人，都在暗中帮助他。不久，季布乔装打扮后到山东一家姓朱的人家当佣工。朱家明知他是季布，仍收留了他。后来，朱家又到洛阳去找刘邦的老朋友汝阴侯夏侯婴说情。刘邦在夏侯婴的劝说下，撤消了对季布的通缉令，还封季布做了郎中，不久又改做河东太守。

选自《史记·季布栾布列传》

贾人渡河

从前，济水的南面有个商人渡河时从船上落下了水，他抓着水中的浮草大声求救。有一个渔夫驶船去救他，还没有靠近，商人就急着大叫："我是济水一带的大富翁，你若能救我，我给你一百金。"渔夫把他救上了岸，他却只给渔夫十两黄金。渔夫说："你当初许诺我一百两黄金，如今却只给我十两，这岂不是不讲信誉吗？"商人勃然大怒道："你一个打渔的，一天的收入能有多少？你突然间得到十两黄金还不满足吗？"渔夫没说什么怏怏而去。

后来有一天，这商人乘船顺吕梁湖而下，船触礁下沉，他再一次落水。但这次，没人愿意救他。

选用《郁离子》

信义兄弟：生死接力还工钱

2010年2月9日，农历腊月二十六，黄陂籍建筑老板孙某带着26万元现金，驾车从天津赶往武汉，准备给工程队的民工发工钱。

次日凌晨，在河南开封不幸发生车祸，孙某一家五口遇难。

事发后，他的弟弟忍住巨大悲痛，决定替哥哥完成遗愿。

腊月二十九，他赶回黄陂，通知民工上门领钱。

因为哥哥离世，账单多已不在，他让民工们凭着良心领工钱，说多少钱，就给多少钱！钱不够，就贴上自己的6.6万元和母亲的1万元。

新年来临之前，60多名民工都如愿领到工钱。

摘选自《中国新闻网》2010年2月

小提示

"民无信不立。"出自《论语·颜渊》。意思是人没有诚信，就不能立足于社会。

活动二　你的信用值有多少分

一、活动准备

准备纸和笔。

二、活动地点

班级教室。

三、活动任务

测试信用分

假设每位同学手上有100个信用分，如果有以下行为，一次减5分，看自己最后的信用值是多少分。

1. 不交作业。

2. 没有按学校规定时间返校。

3. 借同学的钱不还。

4. 在网上贷款消费。

5. 答应给同学办的事情没有办。

6. 答应父母的事情没有做到。

7. 乘坐公共交通工具不买票。

8. 做错事不认错。

9. 说大话，夸海口。

10. 不参加劳动，找借口逃避值日。

11. 经常占寝室同学的小便宜，不打招呼就使用别人的东西。

小提示

得到别人的信任和尊重，是一个人最可贵的品质。

活动三　生活中的诚信危机

一、活动准备

收集生活中出现的失信情况。

二、活动地点

班级教室。

三、活动任务

列举有诚信危机的人或事，并写在下面的横线上。

_____

_____

参考案例

例一：参与传销活动。被高额回报诱惑，同窗之情、亲友之情都被用作生财之道。

例二：食品制作过程中为了获取更多的利益，添加禁用的添加剂，以次充好、以坏充好等。

例三：做高仿产品，用劣等产品，赚品牌的钱。

例四：偷工减料。加工过程中，不按规定用足原料。

例五：用"八两秤"称东西。

例六：用打过农药的产品冒充"有机产品"。

拓展阅读

故事阅读

故事一

只是迟到 10 分钟

两个中职学生到企业实习，企业工作人员要求两人次日上午 10 点到企业面试。

当天，同学甲提前 10 分钟到达指定地点，顺利参加了面试。

同学乙在过了约定时间 10 分钟后，才匆匆赶来。

企业人员见同学乙迟到 10 分钟，认为他是不守时之人，取消了他的面试资格。

同学甲进入企业之后，因工作努力，踏实勤奋，一年后，获得了继续留在公司工作的机会。

同学乙因为错过面试的机会，又找了几家企业，终于确定在一家企业实习。但因他工作不够踏实，常有迟到现象的发生，毕业后，没能留在企业继续工作，只得再找合适的岗位。

3年后，同学甲因表现突出，成绩优异，升为车间线长，负责管理一个流水线的工作，工资翻倍。

而此时的同学乙还在各家企业间继续寻找机会。因为他的随意，每次都难以胜任所负责的岗位。

5年后，同学甲所在的工厂在新年前夕接到一张订单，但大多数工人不愿意加班，同学甲主动提出留下来加班。在同学甲的带领下，几个工人跟他一起，在规定的时间内完成了订单任务。老板十分满意他的工作，任命他为车间主任，管理一个车间的工作，工资较进厂时翻了两番。

这时，同学乙也终于在一家企业稳定下来，但还在从事基础的工作。

故事二

对待不守时之人

《世说新语》中记载了这样一个故事。说元芳的父亲陈太丘和朋友约好一起出行，中午时碰面。直到中午过后，朋友也没有到，陈太丘就离开了。后来，朋友赶来后，发现陈太丘不在，就问他的儿子元方："你父亲在吗？"元方回答："我父亲等您许久，您一直未到，就离开了。"

朋友非常生气，怪陈太丘不守约定。元芳反驳道："是您不守时在前。"朋友感到十分惭愧。

主题十六　你越自律，你越自由

某位著名主持人曾说："自由天然和束缚有关，越自律越自由。"这句话给了我们很多启示：一个人如果想获得更多的自由，他必须要先控制住自己内心的欲望，约束自己的行为，才可能为自己赢得更多时间和空间上的自由，得到人生的快乐与幸福。

活动目标

1. 理解自律和自由的含义。

2. 理解自律与自由之间的辩证关系并付诸行动。

活动一　自律是一种舍得

一、活动准备

每个同学列出自己近期的计划。

二、活动地点

班级教室。

三、活动任务

思考：为了达到以下目标，你认为应该舍弃什么？请将答案写在下面的横线上。

1. 你想参加校运会5 000米中长跑的比赛，并想获得好成绩，为了实现这个目标，你如何保持锻炼的自律行为，又将舍弃什么？

2. 你希望自己成为一个技艺精湛的专业技能人才，为了实现这个目标，你将舍弃什么？

3. 你的目标是三年内长高10厘米，让自己变得更加健康。为此，营养师给你制定了饮食计划，为了实现这个目标，你将舍弃什么？

_____

_____

参考案例

1. 舍弃很多玩的时间，把这些时间用于练习中长跑；舍弃晚睡晚起的习惯，每天早睡早起。

2. 舍弃很多玩手机、闲聊闲逛的时间，将这些时间用于练习专业技能，多思考，在不断的磨炼中让自己成为一个技艺精湛的人，并且改掉拖延、犹豫不决等坏习惯。

3. 舍弃不健康的各种小零食、饮料；舍弃想吃什么就吃什么的"自由"。

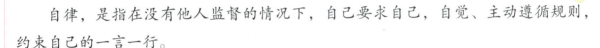

自律，是指在没有他人监督的情况下，自己要求自己，自觉、主动遵循规则，约束自己的一言一行。

活动二 自律是获得自强的过程

一、活动准备

课件。

二、活动地点

班级教室。

三、活动任务

唐朝的张九龄曾说过一句话："不能自律，何以正人？"自律是一种人格力量，不仅能让自己变得更加强大，还能影响别人。每一组派一位代表，讲述自律的故事。

参考案例

储豆律己

明代大学士徐溥（pǔ）为官清廉，爱护人才，对朝政多有匡扶，被誉为明朝贤相之一。

少年时代的徐溥性格沉稳，举止老成，他在私塾读书时，从来都不苟言笑。一次，塾师发现他常从口袋中掏出一个小本子看，以为是小孩子的玩物，等走近才发现，原来是他自己手抄的一本儒家经典语录，由此对他十分赞赏。徐溥还效仿古人，不断地检省自己的言行。他在书桌上放了两个瓶子，分别装着黑豆和黄豆。每当心中产生一个善念，或是说出一句善语、做了一件善事，他便往瓶子中投一粒黄豆；若是言行有什么过

失，便投一粒黑豆。开始时，黑豆多，黄豆少，他就不断地深刻反省并激励自己。渐渐地，黄豆和黑豆数量开始持平，他就再接再厉，更加严格地要求自己。久而久之，瓶中黄豆越积越多，相较之下黑豆的数量越来越显得微不足道。直到后来为官，徐溥都还保留着这一习惯。

活动三　我为什么不够自律

一、活动准备

调研同学的喜好。

二、活动地点

班级教室。

三、活动任务

针对以下情景，思考我为什么不够自律，原因是什么。请将答案写在下面的横线上。

情景一：向老师保证每天只玩一个小时的手机，但拿起手机就停不下来，不知不觉玩了好几个小时。

情景二：和同学约好，每天早上 6 点 30 分跑步，坚持了三天，第四天早上起来，外面下着蒙蒙细雨，便以此为借口，且之后再也没有早起去跑步。

情景三：明明非常喜欢自己的专业，每天也愿意花时间练习，但一看见别的同学在玩，就控制不住自己，也加入了"玩"的队伍之中。

情景四：见别人写的字很漂亮，报名参加了书法社，坚持了一个月，就坚持不下去了。

情景五：这个月喜欢跑步，下个月喜欢拳击，再下一个月又喜欢打太极拳，反正做什么事都不能长久。

参考案例

没有强烈的内驱力，就无法与贪图安逸、怕吃苦、拖延等行为对抗。要让自己变得自律，一定要明确自己的梦想和目标。

活动四　越自律，越自由

一、活动准备

排练情景剧。

二、活动地点

班级教室。

三、活动任务

阅读以下故事，思考：为什么越自律，越自由。请将答案写在文后的横线上。

情景剧一

明明的成长

明明想竞选班上的班长，老师对明明说："班长，是要为班级服务的，一旦竞选成功，意味着要把大量的时间用于班级管理，玩的时间和其他的时间就少了。想好了，再参与竞选。"

明明坚定地说："我想好了，我愿意为班级做奉献。"之后，明明如愿以偿当上了班长。为了成为班主任的好助手，为了帮助班主任更好地管理班级，明明确实花费了不少时间。但明明想挑战自己，他除了要当好班长，还想参加技能大赛，甚至还想学一门乐器，让自己变得多才多艺。

明明为自己制订了一个详细的计划，时间精确到分，并要求自己每天必须按计划完成所有的任务。

一开始，明明觉得每天的时间特别紧张，忙得有点喘不过气来，但过了两个星期后，明明逐渐适应了这种强度的学习和工作，特别有成就感。

明明这才发现，自律让自己的时间不知不觉多了出来。经历半个学期忙碌的学习生活，明明在技能大赛上获了奖，还学会了弹奏吉他，成为同学们信任和依赖的好班长。

情景剧二

程程的委屈

程程知道自己的缺点：自由散漫，静不下心做事，不想受到约束。到职业学校才短短一个月，程程就犯了各种错误：抽烟、带违禁品进校、上课迟到、不穿校服、不交作业。老师找程程谈话已经不下 5 次，每次都是苦口婆心地规劝。说到动情处，程程的眼睛也会湿润，但这样的感动仅限于谈话时，从班主任的办公室出来，马上就把班主任讲

的话全部忘记。因为程程经常犯错误，以至于其实是班上其他人违纪，班主任第一个想到的人都会是程程。比如有几次，是相邻的其他同学违纪，但上课老师一口咬定就是程程犯的错。程程经历了好几次这样的"冤屈"，特别苦闷，他知道，自己在老师眼中的可信任度几乎为零。

程程想改变这一切，他找到班主任。班主任老师说："每个人都会犯错误，犯错误不可怕，可怕的是犯了错误还不愿意改。想要改变老师对你的印象，就要用行动来证明。"

用行动就用行动，没什么大不了的。程程想好后，开始了他的"变化"之旅。

程程要求自己，一个星期不能迟到，天天穿校服，当天的作业当天完成。果然，一个星期过后，程程实现了第一个小目标。

第二个星期，程程要求自己除了继续做好前一星期的事，还要再帮助班级做一件事。他见教室内饮水机上的桶装水喝完了，就主动搬来一桶。

同学们把程程的改变告诉老师，老师通过观察也看到了程程的进步，于是，当众表扬了程程的行为。就这样，程程一步步变成一位自律能力强的学生。

班主任老师找程程谈话的次数减少了，程程也不会再像以前一样，只要有别的同学犯错误，就会被老师叫去"陪站"。程程感觉自己的时间仿佛比以前多了，没有班主任老师的耳提面命，行为上更自由了，他把更多的时间花在自己喜欢的篮球上。

程程终于明白，为什么人们会说，越自律，越自由。

情景剧三

调快 5 分钟

欢欢的手机显示的时间和其他同学的不同，快了 5 分钟。欢欢有个习惯，凡事提前做，她还经常说："提前 5 分钟，生活更自由。"欢欢每晚入睡前，会把第二天要穿的衣服找出来，叠整齐后放在枕头边，这样，第二天早上一醒来，就能很快换好衣服。第二天要带的课本也会提前准备好。每次上课要讲的内容，她也会提前预习，到老师上课的时候，她很轻松就能听懂。欢欢觉得最难的是手工课，这个没办法提前预习，但为了做好手工，她就利用课余时间反复练习。

欢欢的这个自律习惯为她赢得了更多的时间，也赢得了老师对她的信任。班主任老师经常把一些重要的活动交给她来组织，同学们遇事也会请她来主持公道。

小感悟

　　真正的自律是一种觉悟，它会让你发觉健康生活的美妙，会让你的内心有着源源不断的幸福快乐，从而让你变得淡定从容，充满积极向上的力量。

活动五　做个自律的中职生

一、活动准备

　　准备纸、笔。

二、活动地点

　　班级教室。

三、活动任务

　　为自己拟一个比较容易完成的学习生活计划，坚持一个月。

拓展阅读—名人名言

主题十七　一屋净，天下净

古人云："天下难事，必作于易；天下大事，必作于细。"要想有所成就，必须从小事开始做起。"一屋净"是小事，但最能反映一个人真实的面貌，能让"一屋净"的人，在小事上一定认真负责、态度端正。把小事做好了，遇到大事才敢于承担，扛得住。

所以，勿以善小而不为，勿以恶小而为之。

活动目标

1. 从小事做起，养成良好的习惯。

2. 树立"不因善小而不为"的思想。

活动一　这是谁的寝室

一、活动准备

教室及寝室照片，扫把、拖布、抹布等清扫工具。

二、活动地点

班级教室。

三、活动任务

1. 推选一名主持人。

2. 主持人配合老师，展示同学们的寝室照片。

3. 反思：我们的教室和寝室真的干净吗？

4. 老师带领同学们分组打扫教室和寝室卫生，并布置教室、寝室。

小提示

打造整洁的环境不是为了给别人看的，是为了让自己及同学受益的。

活动二　破窗效应带来什么

一、活动准备

排练情景剧。

二、活动地点

班级教室。

三、活动任务

观看情景剧并思考。

这就是破窗效应

紫涵偷偷往书包里装了一包辣条，同寝室的萱萱立即制止她说："老师不是说不要带零食到教室和寝室吗？"

紫涵说："没事，我悄悄带，只要你不说，没有人知道。"

上课的时候，紫涵趁老师不注意，偷偷拿了一个辣条吃。

后面的同学露露看见紫涵这个偷偷摸摸的动作，便用胳膊肘碰了一下同桌，两人相视一笑。

下午，露露在上课的时候也偷偷拿零食出来吃。其他同学看见了，也没有说什么。接下来，越来越多的同学悄悄带零食到教室，并将零食包装袋丢在垃圾桶。垃圾桶很快就满了，于是有的零食包装袋就被扔在了地上。终于有一天，教室里垃圾满地。

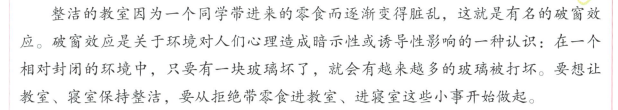

　　整洁的教室因为一个同学带进来的零食而逐渐变得脏乱，这就是有名的破窗效应。破窗效应是关于环境对人们心理造成暗示性或诱导性影响的一种认识：在一个相对封闭的环境中，只要有一块玻璃坏了，就会有越来越多的玻璃被打坏。要想让教室、寝室保持整洁，要从拒绝带零食进教室、进寝室这些小事开始做起。

活动三　断舍离

一、活动准备

打扫工具。

二、活动地点

寝室。

三、活动任务

"断舍离"，意思是把那些不是必需或不合适的东西统统断绝、舍弃，并切断对它们的眷恋，"断舍离"之后，才能过简单清爽的生活。整理寝室，对自己的物品"断舍离"。

小提示

教室是学习的地方，进入教室之后，要心无旁骛地学习知识或技能。心静了，才能接收老师传授的知识或技能。寝室是休息的地方，影响休息、破坏和谐环境的东西最好不要带入寝室。

活动四　给整洁的环境加点分

一、活动准备

收集名人与花草的故事。

二、活动地点

班级教室。

三、活动任务

阅读以下故事，请同学们思考，为什么从古到今，学校大都选择在宽敞明亮、错落有致、整洁大方、淡雅庄肃的环境中？以下名人为何都喜欢在居住的环境中种树？请将答案写在下面的横线上。

故事

白居易与花木

唐代诗人白居易爱树如宝。他被贬任忠州刺史后，年年都种植花木，并赋诗咏道："持钱买花树，城东坡上栽。但购有花者，不限桃杏梅。"他在《春葺新居》一诗中又写道："江州司马日，忠州刺史时。栽松满后院，种柳荫前墀。"

苏轼种树

苏轼从小喜欢种树，在青少年时期就开始在家乡附近的山冈上种植松树，作有《戏作种松》诗："我昔少年日，种松满东冈，初移一寸根，琐细如插秧。"科举入仕后，苏轼曾在多地任职，仍然不忘植树，也因此为后世留下了不少人文景观。

栽树自嘲

清·袁枚

七十犹栽树，旁人莫笑痴。

古来虽有死，好在不先知。

小提示

花草树木装扮的环境，显得清雅，能给人以赏心悦目之感。干净清雅的环境，能起到启智润心的作用。

活动五 加点书香气

一、活动准备

课件。

二、活动地点

班级教室。

三、活动任务

阅读下列文字并思考。

卖却屋边三亩地，添成窗下一床书。——唐·杜荀鹤《书斋即事》

译文：卖掉房屋旁边的三亩地，添置成窗户下面的一架子书。

寒夜读书忘却眠，锦衾香烬炉无烟。——清·袁枚《寒夜》

译文：寒夜读书，不知不觉忘了睡眠，锦缎制的衾被，薰香已散尽，小火炉中的火苗，也已经渐渐熄灭。

因依老宿发心初，半学修心半读书。——唐·王建《寄旧山僧》

译文：只因老而有德行者像孩童似的，一边学习修身养性，一边读书。

但使书种多，会有岁稔时。——宋·刘过《书院》

译文：努力学习就像努力耕田一样，辛勤和懒惰只有自己知道。但只要多读书，播下种子，自然有丰收的时候。

小 提 示

　　脏乱的房间所释放出的负能量，会不知不觉影响你，让你出现情绪暴躁、焦虑、疲惫等状态；反之，整洁的环境却能让人心情愉悦。古人说："修得家中净，收得福长住。"

拓展阅读-一屋不扫，何以扫天下　　拓展阅读-宿舍好习惯

学不可以已　主题十八

有人错误地认为，学习只是把自己牢牢绑在座位上听老师讲课而已。殊不知，真正的学习无处不在。人的一生，要学的东西很多，理论的、实践的、技能的、自然的、人文的、社会的、专业的等。一个真正热爱学习的人，会时常觉得自己浅薄，害怕自己被新知识、新技能淘汰，所以，要把学习当作一种习惯。

学习是在探索和冒险的过程中了解世界，最后，让世界成为自己的一部分。

活动目标

1. 树立"学不可以已"的思想。

2. 制订学习生涯规划。

活动一　知之为知之

一、活动准备

排练情景剧。

二、活动地点

班级教室。

三、活动任务

阅读下面的《访谈录》，思考什么是"知之为知之"。

特级厨师访谈录

旁白：听说，74岁的特级厨师×××回国了，我们烹饪专业的同学想去采访他。

甲：师傅，您好，您是烹饪大师，今天有幸能向您请教，真是太幸运了！

乙：我有什么啊？我这辈子只会做菜。

甲：择一行，做一生。师傅，您是我们学习的榜样！向您致敬。您为什么选择这个职业？

乙：我小的时候，家里有6个孩子。在那个吃饱饭都很难的年代，学厨至少能吃饱。怀着这个梦想，我13岁跨入厨师这一行。想起入行的那一年，我还没有菜台高呢。

甲：师傅，听说你临危受命，在国外大使馆当厨师，教过的学生遍布全球，这些传闻是真的吗？

乙：是的。我只是做了我喜欢的事。教学生也是偶然为之，因为大家爱吃我做的菜，我就免费收了一些学生。谁知一传十、十传百，好多人都慕名来学厨，我不好拒绝，只好办了厨师班，一办就是几十期。

甲：师傅，我们是厨师界的新人，请你给我们几句衷告。

乙：厨师，可以分为三种类型：技术型、管理型、文化型，我只是做了技术和管理，还称不上是文化型厨师。希望同学们干一行，爱一行，努力一生。你们有一定的文化基础，希望你们能成为文化型的厨师。古人说："知之者不如好之者，好之者不如乐之者。"只要坚持终身学习、乐于学习，你们会成功的。

小提示

1.知识是无穷无尽的，所以，学习也没有尽头。对专业技能的学习能促使自己在传承中不断创新，与时俱进。

2.提升自我。学习是每个人成长道路上的启明灯，能治"愚"，启发人的心智。

3.开阔眼界。通过学习，让自己的眼界更加开阔，心胸更加宽广。

4.创造更多的可能性。在学习中发现自己更多的潜力，让自己有更多的选择。

活动二　勇敢说声"不知道"

一、活动准备

学生分成几组。

二、活动地点

班级教室。

三、活动任务

同学们两人一组，任选其中一组进行对话练习。

第一组：

甲：你知道手工制陶的方法吗？

乙：不知道，请你教教我。

甲：我也不知道，我们一起向老艺人学习吧。

第二组：

甲：你会用剪刀剪发吗？

乙：我正想向你请教。

甲：我们都不会，那就一起向老师学习吧。

第三组：

甲：你能教我用水彩着色吗？

乙：对不起，我也不会。我们一起去问老师吧！

第四组：

甲：老师，请教教我传统纽扣的制作方法。

乙：我也不知道，正向非遗传人学习呢，等我学会了，我再教你。

小提示

　　知识和技能会随着时代的进步而不断更新，永远无法学尽、学了。勇敢承认自己的无知并不可怕，可怕的是不懂装懂、自欺欺人。

活动三　学不可以已

一、活动准备

准备古今中外有关终身学习的故事。

二、活动地点

班级教室。

三、活动任务

每组派一位同学讲述古今中外终身学习的经典故事。思考"终身学习"的意义，并

将答案写在文后的横线上。活动结束后，每位同学为自己制订一个十年阅读计划或十年学习计划。

参考故事：

蔡伦最爱读《考工记》

蔡伦，东汉湖南耒阳人，他改进的造纸术被列为中国古代"四大发明"之一。蔡伦小时候酷爱读书，进宫后，见到处都堆着竹简编成的书，便一有空就坐下来静心读书。蔡伦最爱读《考工记》，对手工具器物的制造发明，兴趣最浓，对百工之事，最是热心。他四访民间，看冶金、煮葛、沤麻、织缣、漂絮……向百工匠人请教，并亲自动手。百工匠人见他刻苦，无不善其为人，与其切磋技艺，辄心悦而诚服之。蔡伦为寻找可以大批量生产且方便贮存的廉价书写材料，用树皮、破布、麻头及渔网等反复试制。有一天，蔡伦钻进丛林长时间跟踪黄蜂，近距离地观察它们筑巢的过程，还被虫蜇肿了双眼。通过观察，蔡伦有了巨大的收获。他发现黄蜂们咬啮树皮，并将其嚼成糊状，就成了蜂巢韧而薄的室壁，他由此受到启发。最终，蔡伦于公元105年成功制成了"蔡侯纸"。

摘选自《后汉书·蔡伦传》

黄道婆的革新故事

黄道婆，松江府人，童养媳出身，因不堪婆婆和丈夫的打骂，逃出家门。她搭乘一艘商船来到"天涯海角"的崖洲，跟当地的黎族人学习先进的纺棉技术。到了被称为"婆婆"的年龄，她再次搭船渡海，返回家乡，将黎族人先进的纺织技术传授给家乡人民。

她改进了去除棉籽的原始方法，教妇女们把籽棉放在石板上，用小铁棍来擀，提高了工作效率。她还发明了一种半机械化的轧棉机，一人喂棉，两人摇柄，棉絮和棉籽被快速分离到两侧，快捷省力。

她全面改革纺织工具，对老式的弹棉工具进行革新。她采用一种新式弹弓，加长弓身，弓弦用绳代线，以棒槌替代手指来拨弦，提高了纺纱的效能。她造出三锭脚纺车，由之前的一车一个纺锭增加到一车三个纺锭，能同时纺出三根纱线。她改进了棉织的提花方法，让普通的棉布能够呈现折枝、字样、棋局、团凤等图案花纹。人们唱起了"黄婆婆，黄婆婆，教我纱，教我布，两只筒子两匹布"的歌谣。

摘选自《南村辍耕录》

他参与的事业惊艳了世界——当代大国工匠陈行行的故事

要用比头发丝还细 0.02 毫米的刀头，在直径不到 2 厘米的圆盘上打出 36 个小孔，这比用绣花针给老鼠种睫毛还难，没有人能做到的事情，年仅 30 岁的陈行行却做到了。他用 3 年时间完成了普通人需要 16 年才能达成的目标，成为其所在单位在新设备运用、新功能发掘、新加工方式创新等方面的领军人才。

陈行行是中国工程物理研究院机械制造工艺研究所的一名高级技师，从事高精尖产品的机械加工工作。2018 年，陈行行当选"大国工匠年度人物"，成为行业领军人才。

成长于山东乡村的陈行行，毕业于技工院校。在校期间，他先后学习了电工、焊工、钳工、制图等 8 个工种，并考取了这 8 个工种的 12 本职业资格证书。2009 年参加工作后，陈行行掌握了多种铣削加工参数化编程方法、精密类零件铣削及尺寸控制方法等多项技术和工艺。

2015 年，陈行行接到一个任务，制作国家某重大专项分子泵项目核心零部件动叶轮。动叶轮的材料刚性差，要求高，涉及多达 144 个薄壁叶片，最高转速达每分钟 9 万转。这对加工的一致性要求极高，制作难度可想而知。深思熟虑之后，陈行行对动叶轮进行了新的设计，通过合理选用刀具，挖掘并应用多个设备的高级功能，最终做出了整体加工的动叶轮，效率提高了 4 倍多，加工质量也得到大幅度提升。

陈行行坦言，想成为一名优秀的技术工人，仅仅依靠学校学的知识是不够的，还需要静下心来去钻研，"要不断学习新的知识和技术，不断积累经验，总结提高自己。这种硬核实力带来的自豪感、荣誉感是其他东西无法比拟的"。

如今，成为高级技师的陈行行还带领着两个高技能人才团队进行技术创新，为国家的发展贡献力量。陈行行说，敢想敢干、苦干实干、能干巧干的优秀品质，以及干一行、爱一行、精一行的敬业精神永远不会过时。他告诉现在的年轻人，要想好以什么样的态度度过一生，态度将会决定人生的质量。

在平凡的岗位上坚守，用精湛的技术报国，在一丝一毫中提升"中国精度"，陈行行对"初心"的坚守，让青涩年华多彩绽放，让他参与的事业惊艳了世界。

摘选自《央视网》2019 年 1 月 10 日新闻

拓展阅读

慢驴效应（寓言）

有两头驴，它们各自拉着一辆货车，一头驴走得快，一头驴走得慢，于是着急赶路的主人，就将那头慢驴拉的货物都搬到快驴的那辆货车上，慢驴可开心了，心想："让你那么努力，活该累死你。"

但主人又想，既然一头驴就能拉这些货物，为什么还要养两头驴呢？于是经过一家饭店时，主人将慢驴卖给饭店老板，慢驴成了餐桌上的美食。

这个故事告诉我们，如果你害怕努力，停滞不前的话，终将被社会淘汰。

拓展阅读–阅读的误区　　拓展阅读–学习的误区

安全教育篇

讲安全是一种意识，一种防范，是对生命的敬畏。

学安全知识是一种技能，一种智慧，是对科学的敬畏。

树安全意识是一种预测，一种决战，是对规则的敬畏……

人人讲安全，事事讲安全。

养成安全意识，构建平安校园。

主题十九　预防欺诈，小事不小

古人云："害人之心不可有，防人之心不可无。"自古以来，尽管天网恢恢、疏而不漏，诈骗之术时常被狠狠打击，但从未消失。随着社会的发展、科技的进步，诈骗之术也在不断升级，让人防不胜防。面对层出不穷的诈骗之术，唯有积累自我预防、自我保护、自我应对的智慧，方能沉着有效应对。

活动目标

1. 了解预防诈骗的重要性。
2. 了解手机诈骗等新型诈骗手段，树立反诈骗意识。

活动一　电信诈骗种种看

一、活动准备

排练情景剧，搜集电信诈骗案例。

二、活动地点

班级教室。

三、活动任务

观看情景剧，思考，怎样预防诈骗？

情景剧一

兼职陷阱

天天是一名中职生，有一天，他接到以前初中同学的电话，问他想不想利用周末时间找点零用钱。天天想着，闲着也是闲着，能轻轻松松找点零用钱，何乐而不为呢？于是答应了初中同学。初中同学立即发来一条诱人的信息："轻松日赚 千元，在家即可完成，无需经验。"

天天心动不已，当即点击链接，按照要求下载了一款名为"兼职宝"的APP，并在APP上填写了个人信息，包括姓名、身份证号、银行卡号等。填写结束后，初中同学随即发来一个微信号，让他加入了一个所谓的"兼职任务群"。群里的"客服"立即热情地接待了他，给他派了第一个任务：给指定的账号转账50元，完成后会立即返还本金并支付10元佣金。天天有些犹豫，但看到群里很多人都在晒自己收到的佣金截图，便打消了顾虑，转了账。

然而，转账后他并未收到本金和佣金，当他询问"客服"时，"客服"称这是因为他操作失误，需要再转一笔50元的"解冻金"才能提现。天天想起老师给他们说的诈骗故事，突然意识到可能被骗，想要退出时，却发现APP无法登录，群里也被禁言，他的银行卡里爸爸才转给他的1 000元生活费已被陆续转走。

情景剧二

千万不能随意点链接

悦悦在网上买了两盒面膜，收到货之后，她还没来得及使用，就接到自称是客服的电话。

"喂，您好，后台显示您在××店铺买了××牌子的面膜，请问您用了之后感觉怎么样？"客服有礼貌地问。

"哦，我还没有用呢。"悦悦回答。

"据近一段时间顾客反映，面膜使用之后，脸上出现了长红点、长痘的现象，因此公司将尽全力召回这批面膜。为了不耽误您的时间，您也可以选择直接销毁面膜。之后，我发一个链接给您，您点开后，按提示操作，可领取公司给您的补偿。"

悦悦可不敢拿自己的脸做试验，急忙将面膜丢弃，点开链接准备领取补偿。她一步一步按操作完成之后，过了片刻，手机收到一条短信，显示她刚刚在线消费了375元。

八个"凡是"快速识别电信诈骗

凡是自称公检法要求汇款的；

凡是叫你汇款到"安全账户"的；

凡是通知中奖、领奖要你先交钱的；

凡是通知"家属"出事要先汇款的；

凡是在电话中索要银行卡信息及验证码的；

凡是让你开通网银接受检查的；

凡是自称领导要求汇款的；

凡是陌生网站要登记银行卡信息的。

活动二　诈骗之术，无孔不入

一、活动准备

收集相关诈骗故事。

二、活动地点

班级教室。

三、活动任务

每组派一个代表，讲述亲身经历或身边人经历的反诈骗或被骗案件，要求真实、可信。

参考案例一

被"甜蜜"包裹的诈骗陷阱

我有一个邻居叫晓敏（化名），居家做些电商生意。但她有个特点，空闲时间，平时喜欢在社交软件上结交新朋友。有一天，一个头像帅气、自称"慕容宇"的男子主动加她好友，那个男子说话似乎风趣幽默，让晓敏心动不已，他们很快就聊得火热。

聊了几天后，那个自称"慕容宇"的人知道晓敏是做电商生意，就用专业的术语给晓敏说，说他发现了一个投资平台的漏洞，这个漏洞目前还没有人发现，他只说给小敏听。

小敏将信将疑，"慕容宇"就给小敏发了一个截图，说他偷偷试了几笔，稳赚不赔，还把盈利截图发给小敏看。

看着那些诱人的数字和"慕容宇"帅气的头像，小敏以为遇到了来帮她转变命运的"财神"，脑子突然变得有些迟钝了。正当小敏准备答应"慕容宇"投资一笔钱的时候，"慕容宇"却突然消失了两天。第三天，社交平台上又出现了"慕容宇"帅气的头像，那人给小敏发了一个截图，说他又试了一笔，确实又赚到钱。但他好心提醒小敏，叫晓敏三思而后行，说万一事后被警方发现的话，可能会被交回赚到的钱。如果要投的话，趁警方没有发现，要快。

晓敏顿时对"慕容宇"的话深信不疑，对那个所谓的投资平台放下了戒心。于时，晓敏果断地一次陆续往平台里投入了自己多年来所有的积蓄。

钱投进去之后，晓敏发现，那个"慕容宇"又神秘消失了。不过，这一次，他消失了一个星期。晓敏感觉不对劲，想从平台将所有的积蓄提现，可怎么也提不出来。

晓敏这才意识到自己被骗了，想到多年打拼积累的财富化为零，她懊悔不已，那些甜言蜜语背后竟是精心设计的陷阱。

参考案例二

重金承诺找工作

广告栏上贴了一则"外出打工找我"的告示，看起来是一家公司的负责人写的，其承诺只要跟他联系，他就能带人找到活少不累、上班地点近的高薪工作。

鸿发（化名）拨打了告示上联系人的电话，那人让鸿发帮忙在网上用5元钱刷了10单购物交易。

第二天，那人立即转给鸿发200元，并说，如果跟着他到外地去，还会有更多的发财机会。

鸿发见钱这么好赚，心动了。

那人说，要出去发财，最好约上两三个好友，有福同享，不要太自私。鸿发一想也是，便约上自己的好朋友，准备一起跟着联系人到外地发财。

鸿发和好友坐上联系人约的车后，司机给了他们每人一瓶饮料，几个人正好口渴，喝了饮料后，竟不知不觉睡着了。等醒来之后，几个人已经被拉到一个陌生的地方，被人控制住了。

鸿发这才明白是遇上人贩子了，人贩子将他们几个带到一个黑心矿厂。鸿发几人几经磨难，才得以脱身。

参考案例三

邻居老刘的惊险遭遇

老刘在某某小区经营着一家家常菜饭馆，因为老刘出色的厨艺，生意比较火。晚上，忙碌了一天的老刘终于可以躺在沙发上看会电视，突然，他接到一个视频电话，电话那头显示的是自己的外甥小李。

"舅舅，我出事了，快救救我！我刚刚被车子给撞了。"视频里的"小李"一脸愁容，声音格外焦急。老刘一下子慌了神，晕眩症好像突然又出现了，他刚要问清楚是怎么回事，住在哪家医院，"小李"根本不容他开口，说了一句"舅舅，我没时间给你多说，你先给我转点钱救急。"说完，就见"小李"发来了一个银行卡账号。

老刘急忙吃了一颗药，心急如焚赶到银行，准备转账。银行工作人员认识老刘，见他六神无主的样子，立即警惕起来，急忙询问老刘转账缘由，并提醒他可能遭遇诈骗。老刘出了一身汗，这才冷静下来，仔细回想，感觉外甥的声音似乎有些不对劲。

老刘赶紧给外甥打电话核实，果然小李平安无事，正在上班。工作人员进一步解释，现在有一种新型诈骗手段叫"AI换脸"，骗子利用技术合成了小李的脸来行骗。

拓展阅读-穿越时空去救你（戏剧）

不怕一万，就怕万一——
安全无小事，预防最关键

主题二十

据相关资料显示，很多重大安全事故都是由于当事人存在麻痹、侥幸、懒散的心理造成的。例如，疲劳驾驶、粗心没有熄灭烟头、忘记系安全带、湿手摸开关等都可能导致安全事故的发生。

所以，任何时候，我们都要保持"不怕一万，就怕万一"的警惕之心。如果你总觉得安全预防离自己很远，抱着麻痹、侥幸、懒散等心理，那么，安全隐患可能就潜伏在你身边。

活动目标

1. 树立安全意识，学习安全知识。

2. 储备安全救助知识，以备不时之需。

3. 拓宽阅读面，学会用"他山之石"化解困难。

活动一　对号入座

一、活动准备

课件。

二、活动地点

班级教室。

三、活动任务

同学们，生活中发生的安全事故，大多是由当事人的麻痹、侥幸、懒散等心理造成的。请阅读下面这些故事，分析当事人的心理，并将答案写在文后的横线上。

故事一

晓明和同学在某中职学校读书，他的初中同学小浩没有选择继续读书，现在在家里帮大人做事。天气炎热，小浩发微信给晓明，约他到附近的水库野泳。晓明不想去，因为班主任老师天天耳提面命，要大家做好防溺水工作，不准去野泳。但耐不住小浩的微信"轰炸"，便约了几个初中同学，想利用星期五放学后的时间偷偷去玩一会儿，再回家。星期五下午，小浩和晓明一行人会合后到了水库。巡河的老伯前脚刚走，几人便迫不及待地跳进水库，水冰冰凉凉的，很舒服。等上岸的时候，已是黄昏。晓明一行人穿好衣服，准备各回各家，却发现少了一个人。他们大吃一惊，在水库边大喊那个同学的名字，没有回音，找了将近一个小时，还是没有找到。过了几天，有人发现了那个失踪的同学，漂浮在水库上，早已没了生命体征。从此，晓明再也不敢去水边，想起这件事就感到后怕。

故事二

晓峰中职三年级时，在学校的安排下，到企业去实习。晓峰和同学们住在厂区附近的宿舍，如果走大路去上班，需要走20分钟，而走小路去上班，只要5分钟。但是，小路需要途经一片建筑工地，存在安全隐患。老师告诫大家，如果非走小路的话，一定要戴上安全帽。有一天，起晚了的晓峰害怕迟到，没戴安全帽就抄小路去上班，结果在路过工地时，被从高空中落下的砖头砸中头部，造成脑震荡，休养了一个多月。

故事三

学校三令五声不允许住校学生带打火机、火柴、蚊香等进校。可强强偏不听，而是想尽办法将打火机和蜡烛带进寝室。

有一天，强强半夜睡来，辗转反侧无法再睡，想着拿手机出来玩，找了半天没找到。于是，强强将蜡烛点燃，在烛光的照射下，找到了手机，强强忙着打开手机玩起来，而把蜡烛随意地放在桌子上。手机游戏太吸引人了，强强也不知道玩了多久，玩累了，躺在床上便睡着了。

不知过了多久，蜡烛被风吹倒，点燃了床上的衣服，火苗一下子蹿起好高，亮光刺眼。被惊醒的同屋同学急忙喊"救火"，其他同学也赶紧起来，一起把火补灭。

小提示

　　很多安全事故都是因为当事人怀有侥幸心理，所以，一定要有"不怕一万，就怕万一"的思想意识。

活动二　讲述安全小事故

一、活动准备

　　分小组，收集发生在自己身边的安全小事故。

二、活动地点

　　班级教室。

三、活动任务

　　讲述发生在自己或身边人身上的安全小事故。

参考案例

　　故事一：有一个同学，在人行道上戴着耳机听音乐，紧跟其后的自行车一直按铃提示他让路，但他因戴着耳机没有听到，结果自行车没能及时刹车，撞倒了他。

　　故事二：有一个同学，一边走路一边玩手机游戏，结果下楼梯时没注意，一脚踩空，从楼梯顶层摔了下去，导致头部严重受伤。

　　故事三：有一个同学在学校阳台上晾床单，收床单的时候，她嫌自己站的地方不够高，收床单不仅费时而且费力。于是，她直接跳到阳台上去收床单，但那天阳台风很大，加上床单注入风之后有拉力，致使她差点从楼上摔下去。

　　故事四：上体育课时，老师要求大家做热身运动，但有一个同学偷懒，不想做热身运动，结果跑步时由于身体没有活动开，途中脚扭了一下，摔了一跤，造成骨折。

　　故事五：有三个同学冬天在家烧炭火取暖，门窗紧闭，结果一氧化碳中毒，三人很快昏迷。后被家人发现，踹开了门，才将三人救下。

　　故事六：有三个同学在教学楼四楼教室打闹。闹着闹着，他们站到桌子上继续推搡。其中一个同学被另外两个同学追赶，情急之下，他抓住窗帘，哪知窗帘后的窗子没有关好，这个同学"借"窗帘之力，"飞"到窗外，摔下楼，造成多处骨折。

　　故事七：有一个同学喜欢吃路边摊。有一次去买炸鸡腿，见鸡腿上有一只苍蝇。这个同学顿时不想买了，但摊主看出他的心思，对他说，可以把鸡腿半价卖给他。他觉得

这么便宜，而且只是落了苍蝇，应该不会有事，于是买了鸡腿。吃过没多久，他开始上吐下泻，到医院检查，才知道得了痢疾，输了几天液才好。

故事八：有一个同学洗手之后，用湿手接触电插板，结果导致触电。

活动三　我是安全小侦探

一、活动准备

同学们变身"安全小侦探"，寻找身边的安全隐患。

二、活动地点

校园。

三、活动任务书

将发现的校园安全隐患提出来进行交流，并分析。请将分析的结果写在下面的横线上。

_____

_____

参考案例

1. 有些同学喜欢在食堂门口打闹，食堂门口的瓷砖比较滑，不小心就会摔跤。

2. 有些同学喜欢在网上晒自己的生活，但建议不要晒家里年龄尚幼的弟弟妹妹或侄儿侄女等孩子的照片，或泄露其就读的幼儿园等信息。

1. 一旦发现安全隐患，应及时上报给相关管理部门。

2. 来到一个陌生的地方，要有排查安全隐患的意识。如住在宾馆，要第一时间找到安全通道，并及时检查门窗、床铺、衣柜等。一旦发现安全隐患，要及时与宾馆前台沟通。

活动四　安全工作，人人有责

一、活动准备

准备纸、笔、表格。

二、活动地点

班级教室。

三、活动任务

老师带领同学们从教室开始巡逻，检查各种设施，寻找可能存在的安全隐患，并制作成台账上交给学校管理部门（见表20-1）。

表20-1 安全设施检查表

序号	地点	安全隐患	解决办法	备注

小提示

学习并不断更新安全知识储备库，帮助自己的同时，也是在帮助他人。

拓展阅读-相声："婆婆嘴"和"勤跑腿"

主题二十一　假如你处于危险之中

生活有时候就像坐过山车，难免有几处境地会让你感到危险和不安。现实生活中，也许你能保证自己不侵犯社会及他人的权益，却无法左右别人的想法和行为。所以，我们常说"害人之心不可有，防人之心不可无"。

学习一些应急知识，了解一些曾经发生过或可能会发生的安全事故，从中总结一些为人处事的基本方法，用于预防各种可能发生的安全事故。

活动目标

1. 积累应对危险的各种常识。

2. 树立安全防范的意识。

活动一　安全三十六计

一、活动准备

课件。

二、活动地点

班级教室。

三、活动任务

"三十六计"是根据古代卓越的军事思想和丰富的斗争经验总结而成的兵法策略。经后人不断拓展，"三十六计"不断被加入新的含义，亦可用于安全预防及安全事故处理上。针对生活中可能会遇到的一些危险，请用"三十六计"来解困，并将理由写在后面的横线上。

例如，高层发生火灾，火势尚未危及你所处的区域，并且消防队员已经赶到。此时，可用"三十六计"中的哪一计解困？

回答：以逸待劳。关紧迎火的门窗，打开背火的门窗，用湿毛巾、湿布堵塞门缝，或用水浸湿棉被蒙上门窗，然后不停地用水冲淋房间，防止烟火渗入，固守在房内，直到救援人员到达。

1.发生火灾，由于风大火势迅速蔓延，已经到了不是采取简单办法就能扑灭的程度。家中还有很多贵重物品，如果回家抢救财物的话，就有可能因火势太大而无法逃出。此时，该怎么办？应用"三十六计"中的哪一计解困，为什么？

———————————————————————————————————

2.同行的人不听劝，非要下河游泳，不幸溺水，而你不熟悉水性，不敢冒险下水救人，但你又不能眼睁睁看着同行之人溺水而亡，应用"三十六计"中的哪一计解困，为什么？

———————————————————————————————————

3.当室内发生火灾，开门逃生已经不可能。这个时候该怎么办？应用"三十六计"中的哪一计解困？

———————————————————————————————————

4.在厨房做饭，火突然将锅内食物烧燃，并引燃了电线。家里没准备灭火器，应用"三十六计"中的哪一计解困，为什么？

———————————————————————————————————

5.冬天一个人在家，为取暖，烧了一盆炭火，为防止一氧化碳中毒，应用"三十六计"中的哪一计解困，为什么？

———————————————————————————————————

6.同学偷偷在寝室用电锅做饭，因电线老化，引起火灾，最快速的救火方式是什么？应用"三十六计"中的哪一计解困，为什么？

———————————————————————————————————

7.参加大型演唱活动，散场时格外拥挤，如何避免发生因在黑暗和狭窄的地方争先抢后而造成的挤压、践踏等事故？应用"三十六计"中的哪一计解困，为什么？

———————————————————————————————————

8.隔壁化工厂不知什么原因起火了，火势一直在蔓延。请问，如何在现在的情形之下，做好各种安全预防？应用"三十六计"中的哪一计解困，为什么？

———————————————————————————————————

9.接到诈骗电话，又不想浪费时间与诈骗人说话，此时应用"三十六计"中的哪一计解困，为什么？

———————————————————————————————————

参考案例

1. 走为上计。本义是：遇到强敌或陷于困境时，以离开或回避为最好的策略。因为"留得青山在，不怕没柴烧"。返回去拿财物，可能一去不复返，丢了性命。

2. 隔岸观火。本义是：隔着河看失火。比喻置身事外，对别人的危难不去救助，采取袖手旁观的态度。但我们可以做的有：在岸边高声呼救；拿起岸边的树枝或大的木块抛向溺水学生；立即打电话求助警察。不会游泳的人，千万不要因为性急下水救人。在岸上观火的目的，是用另外的方式救人。

3. 关门捉贼。本义是：一种围困并歼灭敌人、特别是小股敌人的计谋。如果水源充足的话，先用水把迎火的门打湿。再用水把毛巾、棉被等打湿，塞到门缝中，同时，打开背火的门，保证空气的流通。

4. 李代桃僵。本义是比喻互相顶替或代人受过。切断电源，同时迅速用湿毛巾盖住火，也可以用锅盖迅速盖住锅。

5. 反客为主。冬天关闭门窗烧炭火，极有可能造成一氧化碳中毒。唯一的办法是打开门窗烧炭火，或不烧炭火。

6. 上屋抽梯。本义是：给敌人制造一些方便（即故意暴露出一些破绽），以诱导敌人深入我方，乘机切断他的后援和前应，最终置他于死地。应先将电源切断。

7. 以逸待劳。等别人先走，自己再走，避开拥挤。人群在行走的过程中，通常应保持一定的速度和节奏，不要逆行，不要推搡。

8. 釜底抽薪。本义是指把柴火从锅底抽掉，才能使水止沸，比喻应从根本上解决问题。迅速将所有可能引燃火的东西搬离。

9. 假痴不癫。本义指形容外表看似愚钝，而心里却十分清醒。假装听不懂对方的话，假装理解能力很差的样子，并迅速挂断电话。

活动二　隐藏的危险

一、活动准备

课件。

二、活动地点

班级教室。

三、活动任务

　　阅读以下故事并思考，你的生活中是否也存在这样的安全隐患？小组讨论并反思：嫉妒心理是怎样产生的？如果产生了嫉妒心理，如何消除？如果察觉有人可能嫉妒你，给你的行为带来困扰，该怎样去处理？请将答案写在文后的横线上。

<h3 style="text-align:center;color:red;">故事一</h3>

　　学前教育班的两个女孩拿着几件衣服来找班主任，指着衣服上的破洞，说是同寝室的某个同学将她俩的衣服剪坏的。两个女同学的家庭条件较好，父母给的零用钱也比较多。两人购置了一些衣服，因衣服太多，箱子放不下，于是两人便将衣服挂在靠床的墙上。衣服密密麻麻占了一大面墙，到寝室里来的人，不知道的还以为这个寝室正在售卖衣服呢。

　　同寝室的另一个女同学周末不回家，趁她俩不在学校，用剪刀偷偷剪了她们的衣服。开始的时候，这个女同学只剪衣服的腋下或缝纽扣处，只剪1～2厘米，不仔细看根本看不出来。

　　后来，这两个女同学发现自己的每件衣服上都有被剪刀剪的破洞，猜想是有人故意为之。于是两人多了一个心眼，将挂在墙上的衣服全部装回箱子。有一天，这两个女同学将两件旧一点的衣服挂在自己床上的蚊帐内，离开寝室前，还故意说，老师让她们去做练习，过两个小时才回寝室。

　　两人出门后，悄悄在隔壁寝室待了十几分钟，然后猛地推开寝室门，发现那个女同学正拿着挂在蚊帐内的衣服剪洞。情急之下，还将衣服塞到自己的被子里。

　　经学校调解，两个被剪衣服的同学不再追究同寝室女孩的责任，那个女孩也承认了自己的错误，并真诚地向两个被剪衣服的同学道歉。

<h3 style="text-align:center;color:red;">故事二</h3>

　　优优就读于某所高职院校，她学习成绩好、多才多艺、乐于助人，长相也十分清秀。初进校，同学们就推荐优优担任班级的生活委员。优优很努力，尽自己所能帮助老师做好班级的各项工作，还经常帮助家庭困难的同学解决吃饭问题。因为优优经常忙于班级事务，又辗转于各个社团参加排练，所以待在寝室的时间不多，回寝室的时间也相对较晚。同寝室的微微嫉妒优优，经常对优优冷嘲热讽，还警告优优，说如果她晚上再超过9点30分回寝室，她就会给优优点颜色看看。优优没有在意，反而真诚地跟微微说"对不起"。但优优的良好教养并没有让微微打消伤害她的念头，心理被嫉妒扭曲的微微最终犯下大错……

1. 什么是嫉妒？嫉妒心理是指某一个体对交往对象在能力、作用以及社会评价等方面强于自己时，产生的不满情绪和憎恨感。

2. 消除嫉妒的最佳办法：一是增强自信心，相信自己是最棒的，只是付出的努力还不够，只要继续努力，最终必能成功；二是不和别人比，只跟别人学。

3. 如何面对别人的嫉妒？反省自己，为人处事是否过于高调？是否过度张扬自己的优势，给别人带来压力，让别人感到自卑，给别人提供了滋生嫉妒的土壤？

4. 对嫉妒自己的人，站在对方的角度试着去理解，不要产生怨恨。尽可能地展示你的努力，让对方认识到你的成功是努力而来的。要有防备之心，少数高危嫉妒人群无法控制自己的嫉妒心，会做出可怕的事。如果对方的嫉妒心实在难以改变，尽量远离这样的人。

5. 保持阳光的心态。克服因别人嫉妒自己而产生的消极情绪和阴暗心理，坦坦荡荡做人。

活动三　如何面对煤气灯效应

一、活动准备

课件。

二、活动地点

班级教室。

三、活动任务

阅读以下内容，并思考。

如何防范煤气灯效应

煤气灯效应是一种特定的心理操纵手段，它的目的是让受害者怀疑自己的感知、记忆和理智，从而削弱他们的自信和自尊，使他们更容易被控制和操纵。

传销组织经常使用煤气灯效应操纵底下成员的思想。如何防范煤气灯效应？具体应做到以下几点。

1.相信自己。多学习，不断提高自己的综合素质，才能有自己的判断，不轻易否定或怀疑自己，不因为自己成为受害者而感到羞耻或内疚。

2.提防别人。当有人习惯性地否定或攻击你的时候，要客观分析这种行为的意图，不要接受或相信施暴者对你心理状态或情绪的断言。

3.改变自己。如意识到自己正被卷入煤气灯效应中时，要及时止损，勇敢地说"不"！远离试图操纵你的人。

4.寻求帮助。如果你在身体、物质或精神上已受到伤害，要及时收集证据并寻求帮助，如聊天记录、转账记录、对方泄露你隐私的证据等，可以向专业人员如心理咨询师或师长等寻求帮助。

小提示

做一个有思想、有智慧的人，多读书、多学习，让自己的眼界更开阔，心境更加宽广，有足够的智慧，应对生活中出现的各种危险。

活动四　警惕网络暴力

一、活动准备

排练情景剧。

二、活动地点

班级教室。

三、活动任务

观看情景剧，思考应如何避免遭受网络暴力。请将答案写在文后的横线上。

最后一根稻草

子龄把自己拍的视频处理了一下，又从头到尾看了一遍，他满意地咂咂嘴，觉得可以发出去了。然后，他点了发送，视频很快就传到快手平台了。

子龄想，自己为了拍这个视频花了不少心思，应该可以收获一大波好评。过了几分

钟，他打开快手平台，果然看到了两条评论，一条写道："不错哦，视频有进步啊。"另一条写道："你们学校很漂亮。"

子蛉很开心，感觉今天很成功，他到隔壁寝室约了好朋友鹏飞、进峰等人，到篮球场打了一场篮球，玩得大汗淋漓。

躺在床上时，子蛉又打开快手平台查看今天发的视频，发现下面又多了几条评论。子蛉特别有成就感，自从学习视频剪辑，他已经收获了不少朋友。但看到其中的一条，子蛉的火一下子蹿了上来，气得他想摔手机。评论是一个网名叫"威子"的人写的，对方评论道："太装了。"

子蛉马上在威子的评论下写道："说谁装呢？"

威子也立马回复道："谁发的视频，自然说谁！"

子蛉写道："我认识你吗？你有病啊？"

威子马上回答："你不认识我，我不认识你，但你这么装的人，我见一个，收拾一个。"

子蛉气急败坏，说："有本事露个脸，这么说有什么意思？"

威子说："怕你不成，星期五放学，校门口见，谁不来，谁是小狗！"

子蛉把这件事说给好朋友鹏飞、进峰等人听，谁知这几个人更沉不住气，纷纷撺掇子蛉："怕什么呢，有我们给你撑腰。"

星期五放学，子蛉和鹏飞、进峰等人一起走出校门。

学校门口很是拥挤，出租车、公交车、私家车一辆接一辆从校门口开过，同学们三五成群，纷纷坐车离开。

子蛉看了看四周，并没有发现可疑的人，他悄悄跟鹏飞说："可能不会来了，我们回去吧。"

鹏飞露出遗憾的神色，他平时特别无聊，喜欢到处凑热闹，看别人打架。见今天没戏，感觉少了点什么。

由老师组成的"护学岗"在路边站成一条直线，子蛉从老师身边走过时，总感觉有双眼睛死死盯着自己。

走到离学校100米左右时，子蛉感觉有两个人正一左一右靠近自己，他立即警觉地向后缩了一下，那两个人几乎同时转身，用拳头向子蛉的脸上打来。

子蛉感觉鼻子火辣辣地痛，咸咸的东西流到嘴里，他用手一摸，鼻子出血了。

只见两人打完人就跑，子蛉喊了一声："快追！"

护学岗的老师迅速围了上来，把那两个人扭住，送到了派出所。

派出所的民警看见两个人，说："又想搞网络暴力，你们以为没人管得了你们？第三次了，这次可有你们好受的了。"

据了解，那两人被刑事拘留 15 天，且一年内不能离开所在区域。

活动五　尊重每一个同寝室之人

一、活动准备

课件。

二、活动地点

班级教室。

三、活动任务

请同学们思考，如何与同寝室的人相处？请将答案写在下面的横线上。

参考案例

1. 互相尊重，不取笑别人的缺点、不嘲笑别人的苦难。

2. 自己的事情自己做，不指使别人做事，特别是别人不愿意做的事。

3. 不与别人比吃穿、比钱财。

4. 互相帮助，遇事不斤斤计较。

5. 同学之间解决不了的事情，不贸然处理，可以上报给班主任。

6. 不因生活习惯的不同而埋怨或挖苦别人。

拓展阅读-三十六计

主题二十二　有"礼"安行天下

自古以来，我国先贤都非常注重礼仪。孔子说："不学礼，无以立。"荀子说："人无礼则不生，事无礼则不成，国家无礼则不宁。"孟子说："爱人者人恒爱之，敬人者人恒敬之。"唐代贤相张九龄称："人之所以为贵，以其有信有礼。"可见，一个人是否有礼，关系到他在社会上能否立足。

礼仪是待人接物的行为规范，同时也是一个人教养、风度、魅力的综合展现。生活中，一些人因为不懂"礼"、不讲"礼"而导致的冲突和争执屡见不鲜，为了能安行天下，我们要从"识礼""行礼"开始做起。

活动目标

1. 识礼、知礼、行礼。

2. 学会尊重，学会换位思考，学会道歉，方能安行天下。

活动一　待人有礼

一、活动准备

选一个同学学习掌握各种礼仪知识，扮演礼仪"模特"。

二、活动地点

班级教室。

三、活动任务

1. 参与活动的同学抽签取题，按题目要求与礼仪"模特"对话，看谁能顺利完成任务。

2. 其余同学观看参与活动的同学与礼仪"模特"的对话，并指出对话中的错误。

参考案例

1. 询问别人的姓名。

2. 询问别人的年龄。

3. 看望别人。

4. 向别人请教作业。

5. 祝贺某人获奖。

6. 被别人表扬。

7. 请人帮忙。

8. 进老师的办公室。

9. 送某人离开。

10. 欢迎某人到来。

小提示

中国是礼仪之邦，人与人之间的交往是需要以"礼"为基础的。学习"礼仪"用语并正确使用，是中职学生的必修课。

活动二　都是"失礼"惹的事

一、活动准备

排练情景剧。

二、活动地点

班级教室。

三、活动任务

观看情景剧，思考情景剧中哪些细节暴露了同学们的"失礼"？如果换成你，该如何避免以上的"失礼"之举？请将答案写在文后的横线上。

情景剧一

实训室里，同学们在认真地练习。

轩轩打开电脑，看了看周围，没有人注意他。他点了点鼠标，不知道下一步怎么做。

轩轩想问旁边的娜娜，娜娜将键盘敲得嗒嗒嗒地响。

轩轩转过头，去问隔了一个过道的健健。

健健抬眼看了看轩轩，听到轩轩问他，但没有回答，继续做自己的作业。

轩轩又转过头，见娜娜还在认真敲键盘。

轩轩再次转过头，又问了一下健健："健健，第三步的操作我不会做，想看下你的笔记。"

健健知道轩轩上课没认真听，不想给他笔记，就继续保持沉默，在电脑上做自己的作业。

老师一边巡视，一边说："同学们抓紧时间，过三分钟就交作业了。同学们有不懂的赶紧问我。"

轩轩见健健不理他，又不想问老师。他从书包里拿出一张纸，上面写着健健父亲的名字，把纸揉成团，扔给健健。

健健漫不经心地打开纸团，见上面写着他父亲的名字，立即站起来，愤怒的拳头朝轩轩打过去。

情景剧二

王然站在食堂门口，看着手机上的时间，已经过了5分钟，刘萧还没有来。

王然心不在焉地看着手机。

13分钟后，刘萧终于来了，一副大大咧咧的样子。

王然有些不高兴，对刘萧说："讲好11点50分，你已经迟到13分钟了。"

刘萧把手搭在王然的肩上，说："哎呀，大气点嘛，为人处事不要斤斤计较。来早来晚还不一样要排队？"

王然想说什么，话到嘴边又咽回下去。

刘萧见排队打饭的人多，眼睛一转，拉着王然往前面走。排队的同学都在埋头玩手机，队伍慢慢向前移动。刘萧见一同学忙着看手机，已经和前面的同学中间出现了空隙，就抓着王然，一把把他推过去。

那个刚才低头玩手机的同学反应过来，说道："你们为什么插队？"

刘萧说："谁插队了？这个同学明明就是在你的前面。我到前面是看看今天有哪些菜，好决定要不要吃饭。看菜也不行吗？谁规定的啊？"

排队的同学们大都在埋头玩手机，确实也没注意到王然是不是插队进去的。

刘萧讲完之后，走到队尾排队。

到王然打饭时，王然对打饭的阿姨说："我打两份，同学生病了，不能来，我帮他带。"

王然后面的同学说："不是不允许带饭的吗？"

王然说："人家生病在寝室，不可能不管人家嘛，现在是给生病的同学打饭也不行了吗？"

后面的同学没有讲话。

见王然拿着两个盘子出来，刘萧也从队伍中走出来，从王然的手中接过饭盘，开始吃饭。

值勤的同学目睹了刘萧的一系列操作，实在忍无可忍，来到刘萧的面前，拿着手机说："你刚才插队的视频我都录下来了，下午准备到学生发展中心接受惩罚吧。"

刘萧说："你们连这些都要管？狗拿耗子，多管闲事。"

值勤的同学说："对不起，视频可以做证。要想人不知，除非己莫为，等着接受处罚吧。"

情景剧三

清晨的铃声响过之后，寝室的同学陆陆续续起床。

同学们快节奏地洗漱、整理床铺和个人仪容后，匆忙离开寝室。

值日生峰峰在离开寝室前，例行打扫寝室卫生。

扫到冬冬的床铺前，峰峰见床铺前面堆着一小堆烟头和饮料瓶。峰峰一边摇头，一边说："冬冬，你这抽烟的习惯什么时候才能改啊？你这瘾也太大了，一晚上就制造这么多垃圾。"

冬冬还在呼呼大睡，听见有人说他的名字，接话说："关你屁事，我的事要你管？"又说了一句脏话后，翻过身继续睡觉，一股长时间没有洗澡的酸臭味随着被子的翻动，飘散出来。

峰峰嫌弃地捂了捂鼻子，继续扫地。

峰峰跟寝室长说："冬冬太不文明了，不讲究个人卫生，必须要想个办法让冬冬改掉这些坏毛病，否则，我们寝室永远也不可能得到学校的卫生奖。"

寝室长说："大家可以一起帮助冬冬，但首先他得听我们的啊！"

峰峰说："我写个寝室管理规定，把养成良好的个人卫生、公共卫生习惯等内容都加上，你来监督大家完成。"

寝室长说："好吧。"

情景剧四

洋洋和娜娜从食堂出来，到学校的小超市买了一大包零食，两人相约来到学校的草坪。

洋洋说："这个学校管得太严，寝室和教室都不准带零食进去，都找不到地方吃东西了。今天，我们就在草坪上吃。"

娜娜说："学校这么大，这个地方又隐蔽，不会有人发现的。今天非得吃个过瘾！"说完，拆开一袋零食，吃起来。

很快，两人就将一大包零食迅速"消灭"干净，满意地咂着嘴，拍拍屁股，潇洒地离开了草坪。

绿油油的草坪上，留下一堆花花绿绿的包装袋。

情景剧五

周末放学，晓晓和豪豪相约骑共享电车回家。

出了校门，两人推着行李箱，笑闹着出发。

离学校两公里左右，有一个共享电车停放处。一排绿色的共享电车整齐地摆放在公路旁。两人挑选了一辆车，晓晓把行李箱放在共享电车脚踏板处。豪豪坐在后座，一只手提着一个行李箱，一只手拽着坐垫，两人都没有戴头盔。晓晓发动车子，共享电车摇摇晃晃地往家的方向驶去。

到离家不远的地方，两人停下车，拿好行李，将共享电车往草丛里一推。电车倒在草丛里，正好撞到一块石头，前轮瘪了一块。两人听到响声，没有回头，扬长而去。

共享电车的管理人员扶起倒在草丛中的电车，难过地说："又是哪个不文明的人把你摔伤？如果你会说话，你会痛斥他们吗？"

情景剧六

萧萧即将进入职业学校读书，临行前，妈妈对她说："读职业学校，并不是失败的选择，只是职业的第一次选择。但一定要注意不要养成不好的习惯。"

萧萧懂事地点了点头。萧萧的理想是成为一名幼儿保育员，因为她从小就喜欢小朋友。

萧萧很喜欢新的班级，感觉每个同学都像她一样，在为梦想而努力。

放学后，萧萧和同学一起往食堂的方向走去。

前面有一群不知哪个专业的男同学，一边走，一边大声讲话。突然，萧萧听见其中一个男同学骂了另外几个同学一句，非常难听。

那几个男同学也用脏话骂了回去。

萧萧突然不想吃饭了。她感觉，与这些人说话不文明的人在一个学校，真是太悲哀了。

萧萧实在忍不住，对着那些同学大声说："请注意使用文明语言。"

那群男生像看怪物一样看了萧萧一眼，又说了一句脏话，头也没回，走了。

萧萧感觉内心有点崩溃。

情景剧七

松松在老师的帮助下得到一个勤工俭学的岗位，在食堂收拾餐具。

松松很珍惜这个岗位，因为食堂老板承诺，只要好好地完成每天收拾餐具的任务，一日三餐可以免费。

上午放学之后，松松快速赶到食堂。中午的食堂特别拥挤，还时不时有人插队。松松看在眼里，"恨"在心头，想上前制止，但又没有胆量，他害怕引起争执。

松松推着车子，到食堂后面将用过的餐盘装在车子上，中午的餐盘太多，很快车子就装满了。

松松推着车子前往后厨，看见两个女同学一边吃饭，一边大声讲话，还把脚伸到对面踩在餐椅上，拿出手机自拍。两个女同学把不吃的蒜、辣椒等挑出来，丢在餐桌上，弄得餐桌一片狼藉。

松松很想去制止她们，但他没有时间，要收的餐盘太多了。等松松装好第二车餐盘时，发现泔水桶已快满了。

松松突然有点想哭。他想起了自己整天在田地间劳作、为了生活精打细算的爷爷奶奶，不知道他们看见这些情景，会怎么想？

参考案例

1. 一群人无所顾忌地在教室门口玩闹，不在意是否挡住别人的路。

2. 不守时的人，是对等待之人的不尊重。

3. 知道自己的行为严重影响了别人的生活，没有及时改正。

4. 无视校规，随地扔垃圾。

5. 不守规矩的人，是对规则的不尊重。

6. 讲脏话，不注意语言文明。

7. 不珍惜粮食，不遵守公共秩序。

活动三　如何面对"无礼"之人

一、活动准备

排练情景剧。

二、活动地点

班级教室。

三、活动任务

观看情景剧并思考，如果遇到以下情景，如何应对。

情景剧一

地点：饭店。

人物：两个外地人、一群本地人。

饭店里的人坐在各自的位置上，安安静静地吃着饭。

突然，手机铃声响起，一个外地人拿起电话，用很有特色的外地方言和对方说话。

吃饭的本地人听到外地方言觉得好听，也跟着说："老好了，快点吃菜嘛。"

思考：外地人听到本地人学他说话，他应该怎样做？如果是你的话，你会怎么做？请将你的答案写在下面的横线上。

_____

_____

情景剧二

地点：电梯里。

人物：两个同学、一个小伙子。

两个同学在等电梯。

电梯来了，大家走进电梯间。

其中一个同学拿的东西有点重，有点撒娇似的递给同伴。

小伙子在旁边"嘿嘿嘿"地坏笑。

女孩顿时感觉不舒服，转身对小伙子说："你笑什么？"

同伴拉了拉她，女孩不再说话。

出了电梯，小伙子走了几步，又回过头，对着女孩吹了一声口哨。

女孩对同伴说："我被人欺负了，你怎么无动于衷？"

思考：如果你是女孩的同伴，你该怎么做？请将你的思考结论写在下面的横线上。

情景剧三

地点：商场。

人物：购物者甲和乙、老板。

购物者甲提着一包选购好的物品来到收银处，准备结账。见老板过来，随即拿出其中一件商品问道："老板，这件商品的包装是不是换过了？我记得以前的包装不是这样子的，价格也要贵几块钱。"此时，购物者乙也提着一袋物品过来，见甲与老板说话，就阴阳怪气地说："这个商品一直都卖这个价，买得起就买，买不起就不要讨价还价。"

思考：如果你是购物者甲，你会怎么做？请将你的思考结论写在下面的横线上。

小提示

生活中，你可以保证自己是有礼之人，但不能保证遇到的人都有礼貌。如遇到"无礼"之人，又不知其性情，最好的处理方式不是和他们论"理"，要么远离，要么用法律保护自己。

活动四 都是不文明惹的祸

一、活动准备

课件。

二、活动地点

班级教室。

三、活动任务

阅读以下场景，请思考，为什么会出现这些情况？将你的答案写在下面的横线上。

场景一

在很多旅游景点，树上、石头上刻有"到此一游"的字迹。

场景二

一群游客，在公众场所不顾形象，大声喧哗，并随手乱扔垃圾。在酒店就餐时，将鸡蛋、面包等食品偷偷打包，带到景点吃。

_____

_____

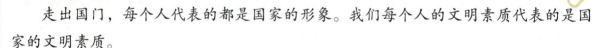

走出国门，每个人代表的都是国家的形象。我们每个人的文明素质代表的是国家的文明素质。

活动五　文明行为，从我做起

一、活动准备

准备纸、笔。

二、活动地点

班级教室。

三、活动任务

每个同学写一份"做文明中职生"的承诺书，并在上面签字，交由老师保存。

参考案例

我承诺，要做一个文明的中职生。

1.从言语上做一个文明人。不说脏话，要使用文明用语。

2.从行为上做一个文明人。遵守公共秩序，讲规矩。

3.在工作上做一个文明人。遵守职业道德，讲诚信。

4.从自身做一个文明人。讲究个人卫生，保持公共卫生。

5. 从生活习惯上做一个文明人。不乱丢垃圾，不随地吐痰。在景区游玩时，不在景区里涂鸦。在外就餐的时候，不喧哗吵闹。

知识链接

一、问别人的姓名

1. 如果在正式场合，应首先递上自己的名片，然后说："请问您怎么称呼？"

2. 先做自我介绍。正常情况下，对方听你介绍完之后，也会自我介绍一下；但如果对方没有做自我介绍，可以直接问，但要加上"您"这个字眼，表示对对方的尊重。

3. 在询问对方姓名时，可以先报上自己的名字，然后再问对方姓名，问的时候要不卑不亢，落落大方。例如，您好，我叫×××，请问怎么称呼您呢？又如，您好，我叫×××，请问您方便告诉我您的名字吗？

二、问别人的年龄

1. 扮演礼仪"模特"的同学年龄与你相仿，因此可以直接问，但要有礼貌。例如，你好，请问你方便告诉我你的年龄吗？你看起来年纪和我差不多。如果礼仪"模特"是女性，可以说："你芳龄几何？"但在日常生活中，这样问，显得过于书生气，可以直接说："请问你多大了？"

2. 对于年老者，你可以这样说："爷爷（奶奶），请问您今年高寿啊？"

3. 对于中年人，你可以说："叔叔（阿姨），可以问下您的年纪吗？您看起来可真年轻。"

特别注意：询问女性的年龄，会被对方认为是对她的一种不尊重，因为普遍认为年龄是女性的隐私。

三、看望某人

1. 一般来说，如果对方是同龄人，可以这样说："你好，好久不见，来看看你。"或"听说你回来了，特地来看看你，有没有打扰到你？"

2. 对于长辈，可以这样说："叔叔（阿姨），听说您回来了，特来看望您。"

四、向别人请教

可以说："××，您好，我在做作业时遇到些困难，请您帮忙看看，可以吗？"

五、祝贺别人获奖

可以说："×××，您好，恭喜您在这次大赛上获奖。向您学习！"

六、被别人表扬

可以说："非常感谢您的肯定，我特别高兴。"

七、请别人帮忙

可以说："×××，您好，想麻烦您一件事，不知道您方不方便？"

八、进老师的办公室

先敲门，在听到里面的问话后，可以这样回答："老师好，我能进去吗？"

九、送别

可以说："慢走，路上请小心。"

十、欢迎

可以说："欢迎您的到来。"

拓展阅读–礼仪

职业认识篇

你拥有哪些技能?

哪些技能能够用来换取你想要的生活呢?

如果没有,

那么你努力学习相关的技能了吗?

你有没有想用一生从事的职业呢?

主题二十三　预则立，不预则废

《诗经·豳（bīn）风·鸱鸮》中写道："迨天之未阴雨，彻彼桑土，绸缪牖户。"它的意思是：我（鸟儿）趁着天没下雨，啄取那桑皮桑根，将窗扇门户缚紧。可见，鸟儿都懂得提前规划，未雨绸缪，我们更要做到事先规划，不打无准备之仗。

《礼记·中庸》里说："凡事预则立，不预则废。"意思是：不论做什么事，事先有准备，就能得到成功，不然就会失败。

活动目标

1. 认识提前规划的重要性。

2. 撰写职业生涯规划。

活动一　学经典，悟人生

一、准备活动

课件。

二、活动地点

班级教室。

三、活动任务

诵读以下句子，并说说你的感想。

1. 磨刀不误砍柴工。

2. 机会总是留给有准备之人。

3. 临时抱佛脚，事情易办糟。

4. 事后诸葛亮。

5. 不打无准备之仗。——毛泽东

6.宜未雨而绸缪，毋临渴而掘井。——清·朱柏庐《朱子家训》

释义：应当在下雨前把门窗捆绑牢固，不要到口渴时才去掘井。比喻事情要早做准备，不要事到临头才想办法。

7.居安思危，思则有备，有备无患。——先秦·左丘明《左传·襄公十一年》

释义：生活安宁时要考虑危险的到来，考虑到了这一点就要为危险做准备，事先有了准备，等到事发时就不会造成悲剧了。

请把你的反思写在下面的横线上。

_____

_____

活动二　不做"寒号鸟"

一、活动准备

课件。

二、活动地点

班级教室。

三、活动任务

结合实际，对故事进行改编，编写一个发生在我们身边的当代"寒号鸟"的故事。

寒号鸟

元末明初文学家陶宗仪（浙江黄岩人）所著的《南村辍耕录·卷十五》中记载：五台山有鸟，名曰寒号虫，四足、肉翅，不能飞，其粪即"五灵脂"。当盛夏时，毛羽文采绚烂，乃自鸣曰："凤凰不如我。"比至深冬严寒之际，毛羽脱落，索然如鷇（kòu）雏，遂自鸣曰："得过且过。"

译文：五台山上有一种鸟，叫作寒号鸟，有四只脚，肉翅，不能飞翔。它的粪便是五灵脂。在炎热的夏天时，它的羽毛纹理多彩绚烂，于是自己鸣叫道："凤凰不如我（凤凰也比不上我）。"等到了天气严寒的时候，它的羽毛脱落，萧索的样子就像一只雏鸟，就自己鸣叫道："得过且过（能过下去就这样过下去）。"

参考案例

汽修班的"寒号鸟"

人物：王燃、刘小安。

地点：某中职学校汽修专业。

学习委员王燃对同学们说："同学们，今天老师要收作业，赶快交作业了。"

同学们纷纷将作业交给王燃。

王燃对刘小安说："刘小安，你是不准备交作业了吗？"

刘小安说："我就没有想着要做作业，拿什么交啊！"

王燃："你自己和语文老师讲，我也管不了你了。"

过了几天，王燃又在班级宣布："同学们，今天的实操作业要在下午5点前完成哦，每人按任务书完成一次。"

刘小安说："知道了，知道了。"转过头，继续与同桌闲聊。

同学们纷纷到实训室，参加专业实训练习。

班主任找刘小安谈话，刘小安说："老师，我是真的还没有静下心来学习，再给我点时间，我调整好心态，自然会好好学的。"

语文老师上课，对刘小安说："你听不进去的话，可以自我调节一下，但不能找别的同学说话。"

刘小安说："老师，我知道我做得不对，但我就是学不进去。"

班主任再次找刘小安谈话，对他说："你想想未来要从事的职业，为了这个职业而努力学好基础知识，这样，学习不就有动力了吗？"

刘小安说："老师，我试试，但不一定有效果，我这个人，懒散惯了，就是管不了自己。车到山前必有路，老师，您不必太担心我。"

两年后，同学们到企业实习，大部分的同学按照企业要求，凭借自己在学校学习的专业技能，很快就能上手新工作，但刘小安却什么也做不了。

实习结束了，刘小安想留在企业，但企业领导说："你连最基础的知识都没有学会，你还是回中职学校再学习两年吧。"

老师对刘小安说："学了两年，什么也没学到。你现在如同寒号鸟一样，只有懒惰和拖延，你好好想想，下一步你该怎么做？"

慌什么，慢慢来

人物：老师、张小安。

地点：某职校某专业。

教室里，老师在教室四处巡检，不时停下来，帮助同学们修改职业生涯规划。同学们对着电脑，细致地在表格上填写各种信息。

张小安趁老师不注意，打开一个游戏网页，玩了起来。

老师走到张小安身后，张小安急忙将网页关闭。

老师对张小安说："职业生涯规划的制订还是相当重要的，至少你能明确自己努力的方向，找到学习的动力。"

张小安："老师，我知道的，你不用管我，我会写好交给你的。"

老师："你通过制订职业生涯规划，可以搞清楚内心真实的需要。要认真思考，认真规划，不懂的可以来问我。"

张小安在网络上随便找了一篇，粘贴复制后交给了老师。

中职三年级时，学校组织学生到企业实习。

同学们都按照企业要求完成任务，甚至还利用晚上休息时间加班加点。

张小安还是一如既往，满不在乎。

企业老师对同学们说："你们到企业实习，应该制订一个实习计划。好好跟着老师傅学习，你们会进步很快。"

张小安找到同学的计划，胡乱抄了一份交上去应付。

张小安毕业了，他到企业应聘了一个普通岗位，准备先当一名普通工人。而此时，他的同班同学有的已经当上了专业技术工人，他们之间的差距正在逐渐拉开。

活动三　为什么一定要有职业

一、活动准备

随机采访不同的人，针对"什么是职业"展开讨论。

二、活动地点

学校附近的商场、超市。

三、活动任务

采访不同的人，根据其回答思考：为什么人一定要有职业？我们努力学习，就是为了将来有一份职业吗？职业能给我们带来什么？请将答案写在下面的横线上。

_____

_____

参考案例

以下是被采访人的不同回答。

路人一（卖菜阿姨）：我不晓得什么叫职业，但我知道，成年人要找正事做，不找正事做的人，找不得钱，在社会上无法生存。种菜、卖菜就是我的职业，我的正事。

路人二（退休干部）：职业是一个人的第一身份，是外界认识你的重要标签，是你与世界连接的通道。

路人三（事业单位工作人员）：职业就是创造你想要的生活的基本物质基础。

路人四（某工厂工人）：职业就是通过劳动，能回馈给你大米、面粉、蔬菜的工作岗位。你的工作岗位对专业技术要求越高，含金量越高。

路人五（职业规划师）：职业是马车，是火车，是高铁，是飞机……速度不同，层次不同，是我们获得认可、承载我们人生意义的载体。

路人六（某高职学校学生）：职业是我们与世界交往的方式，如果一个人没有职业，他将会被世界所孤立。

活动四　拟写职业生涯规划

一、活动准备

准备纸和笔，拟写自己的职业生涯规划。

二、活动地点

班级教室。

三、活动任务

请同学们思考：为什么要写职业生涯规划？分小组讨论，并发表自己的看法。将讨论结果写在下面的横线上。

_____

_____

小 知 识

为什么要拟定职业生涯规划书

1. 努力有方向。没有方向的航行，有可能背道而驰，走得越远，离目标越远。制订职业生涯规划，就是给自己明确一个未来的方向。知道自己想要什么，为什么而努力，而不是随波逐流、迷惘惆怅。

2. 努力有动力。运动员在奔跑时，如果看得见终点，会产生一种努力拼搏的动力，规划书就是那个看得见的终点。

3. 不断调整状态。有目标的人生和没有目标的人生是截然不同的。有目标，能让我们在遇到困难时及时调整心态，排除消极的因素，积极应对各种困难。没有目标的人生则随时可能放弃。

4. 让可能从事的职业变得更有意义。工作本来是辛苦的，如果我们赋予工作更多的自我实现的价值，我们会感觉自己的工作非常有意义，会认同自己的未来所从事的工作，并抱着期待迎接工作的到来。

拓展阅读-职业生涯规划书案例

主题二十四 夸夸家乡的老字号——工匠精神永相传

在我国，工匠精神古已有之，它的足迹在故宫的一砖一瓦一物一画中，在都江堰的每一滴水之中，在赵州桥的每一个石狮中，在国之瑰宝四羊方尊中，在越王勾践剑上的寒光中……工匠精神，从未中断。在从"中国制造"走向"中国创造"，再到"中国智造"之际，作为新时代的大国工匠，传承中华工匠精神义不容辞。

活动目标：

了解工匠精神，传承工匠精神。

活动一 夸夸家乡的老字号

一、活动准备

时间：提前一个月调研。

内容要求：

1.每个小镇或城市都有经营十几或几十年的"老字号"商铺，这些"老字号"已成为当地的文化符号，以独特的优势，处于家乡某个行业的潮头浪尖，成就其精彩的历史。请同学们开展调查，了解和认识家乡的"老字号"，并知晓其成为"老字号"的原因，学习"老字号"的创业创新精神。

2.学生自由组合，成立5个组，从"吃穿用住行"中任选一类，寻找此类行业的"老字号"。

3.调研内容。

（1）"老字号"创业的时间、名字的由来、在行业中的影响力。

（2）"老字号"创业过程中的精彩故事。

（3）成为"老字号"的原因是什么。

4.作业要求。

（1）制作两个视频。一是寻找"老字号"的视频；二是介绍"老字号"的视频。

（2）视频要求：每个视频时间不少于 5 分钟，要求画面清晰，有字幕，有标准的普通话解说配音。

二、活动地点

班级教室。

三、活动任务

1.按抽签顺序，每组用 5 ~ 8 分钟介绍让同学们感触最深的"老字号"。

2.每小组展出的图片不少于 10 张。要求图片画面清晰，能展现"老字号"的特色，图片下配有文字说明，字数不超过 30 字。

3.每小组展示 5 分钟视频，介绍家乡的"老字号"。

4.推选 3 ~ 4 个学生组成评委团，现场对各小组进行提问，并对作品进行评判。

5.模仿"老字号"的创造人，现场接受同学们的采访。请将采访内容记录在下面的横线上。

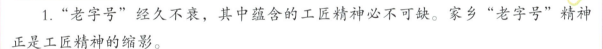

1. "老字号"经久不衰，其中蕴含的工匠精神必不可缺。家乡"老字号"精神正是工匠精神的缩影。

2. 家乡"老字号"精神包括：吃苦耐劳、专心致志、目光长远、精益求精等。

活动二　典籍里的工匠精神

一、活动准备

准备工匠故事，用课件展示。

二、活动地点

班级教室。

职业认识篇

三、活动任务

阅读以下故事，思考中国工匠精神有哪些？

开宝寺斜塔

喻皓，祖居浙东，是五代吴越时期至北宋初年著名的造塔师。他曾在京城汴梁打造开宝寺木塔，塔初成时，望之不正，微向西南方向倾斜。大家都感到奇怪和危险，问喻皓为何如此。喻皓解释说："京师地平无山，又多刮西北风，使塔身稍向西北倾斜，为的是抵抗风力，估计不到一百年，塔就能被风吹正。"在当时的条件下，喻皓能做出"斜塔"式设计，的确是前无古人的创新。可惜，还不到100年，还没等人们看到塔身完全变正，在宋仁宗庆历年间，开宝寺木塔就毁于一场大火。

摘选自《归田录》（欧阳修 宋朝）

梓庆削木为鐻

梓庆削木为鐻（jù，古代的一种乐器，夹置钟旁，为猛兽形，本为木制，后改用铜铸），见者惊其鬼斧神工。鲁侯也大惊，问："您是用什么技术做成的呢？"梓庆说："我准备做鐻时，绝不虚耗精神，必定斋戒静心，先去掉邀功请赏的欲望；再去掉让别人说好的那种虚荣心；最后完全忘我，好像连自己有四肢形体也都忘掉了。到了这种状态，什么公朝，什么权威，在我心中都消失了，我只是专注于技巧本身。"然后，梓庆入山林、察木料、观天性，看见形态与鐻合的，鐻就在脑中先形成了，然后动手，把脑子里的鐻释放出来。

摘选自《庄子·达生》（庄子 战国）

庖丁解牛

庖丁给梁惠王宰牛。手接触的地方，肩膀倚靠的地方，脚踩的地方，膝盖顶的地方，哗哗作响，进刀时发出的声音没有不合音律的，既合乎（汤时）《桑林》舞乐的节拍，又合乎（尧时）《经首》乐曲的节奏。梁惠王说："嘻，好啊！（你解牛的）技术怎么会高超到这种程度啊？"庖丁放下刀回答说："臣下所注重探究的，是解牛的规律，已经超过一般的技术了。起初我宰牛的时候，眼里看到的是一只完整的牛。几年以后，再未见过完整的牛了。"

摘选自《庄子·内篇》（庄子 战国）

阅读以上几个故事，同学们得到什么启示？请将你的答案写在下面的横线上。

_____

_____

148

中国古代的工匠精神有专注、刻苦钻研、求真务实、精益求精等。

活动三　身边的大国工匠

一、活动准备

准备大国工匠的事迹，用课件展示。

二、活动地点

班级教室。

三、活动任务

学习大国工匠的事迹，思考什么是当代的工匠精神。

工匠精神指一生专注、精益求精、守正创新等精神。

活动四　物勒工名

一、活动准备

根据专业的不同，要求同学们在课前做出的本专业物品上做标记，不能写名字。

二、活动地点

班级教室。

三、活动任务

将作品分为优、良、中三个等级，进行展示。

同学们通过观察物品，在自己的作品上贴上自己的名字，并将活动总结写在下面的横线上。

_____

_____

他山之石

　　物勒工名，意思是把自己的名字刻在制作的器物上。这种制度始于春秋时期，到秦朝时已趋于完善。其目的是培养工匠的高度责任感。例如，秦陵兵马俑出土的上万件青铜兵器之中，每一件兵器上都刻有从相帮、工师、丞再到工匠的各级管理者和制作者的姓名。一旦发现哪一个质量问题，都可以通过兵器上铭刻的"名"追查相关的责任人并施以惩戒。

活动五　世界品牌大 PK

一、活动准备

　　收集知名品牌的相关知识。

二、活动地点

　　班级教室。

三、活动任务

　　1. 学生分成四个小组。

　　2. 每组轮流派代表抽取品牌名称，并说出品牌所属国家及其代表的工匠精神是什么。请将各组的答案写在下面的横线上。

_____

_____

拓展阅读-家乡的老字号

主题二十五

趣味识职业

世界上的职业究竟有多少种？我们能接触到的、认知的职业又有哪些，它们有什么特点？为什么有些职业会消失？为什么有些职业一直延续存在？带着好奇，认识职业。

活动目标：

一、初步认识职业、了解职业；

二、对了解的职业进行对比。

活动任务一：灯谜活动

活动前的准备：

1.收集职业有关的谜面若干条。

2.将谜面挂在教室，布置小型灯迷会。

3.设兑换奖品处、兑谜底处。

活动参与人员：全班同学

参考案例

谜面：只有兄弟妹妹（打一职业）

　　　立马阵前，力拼吕布（打一职业）

　　　泳坛教练（打一职业）

活动任务二：古今职业猜猜看

活动规则：

1.推选一名同学担任主持人；

2.念出古代或当代的职业，说出对应的当代或古代的职业。

<h1 style="text-align:center">主持词</h1>

尊敬的老师，亲爱的同学们：

职业是指人们为了获取主要生活来源而从事的社会性工作类别。有一天，当我们中职学生通过学习，掌握了一门专业技能，并让专业技能成为谋生的手段，去实现我们人生的价值时，我们一定也拥有了一份职业。

职业古已有之，那么，同学们是否思考，古今职业有哪些不同呢？除了名称的不同之外，还有哪些不同？哪些职业是古代才有，现在已经消失了呢？今天，让我们一起进行游戏环节——古今职业猜猜看。在了解古今职业的不同时，思考职业存在的意义。

参考案例

古代叫马夫，现在叫什么？

古代叫郎中，现在叫什么？

古代叫掌柜，现在叫什么？

古代叫先生，现在叫什么？

古代叫店小二，现在叫什么？

活动任务三：职业认知竞猜

活动规则：

1.推行一名同学担任主持人；

2.主持人念题，同学们抢答。

参考案例

1.说说下列的哪些职业已经消失？

电报员、程序员、公交车售票员、摄影师、翻瓦匠、修笔师。

2.从以下职业中找出古老的职业。

占卜、狩猎、驾驶员、医生。

A、举例说出三个被新兴职业取代的旧职业？

总结：

主题二十六

岗位拍卖会

结合自己所学的专业，了解与专业相关的职业，以及职业工种、岗位等，能让中职学习更有动力、有目标。

活动目标：

了解相对应专业的岗位价值；

活动任务一：岗位拍卖会

活动前的准备：

1. 阅读介绍职业的相关书籍，或通过互联网了解各种职业及职业岗位；

2. 成立活动筹备小组。

3. 活动筹备小组筛选6至10个与专业相关的岗位，了解专业岗位就业状况等。

4. 根据专业岗位的就业状况及未来发展趋向等定拍卖底价。

5. 准备活动所需物品：棒槌、牌子等。

6. 将教室布置成拍卖会现场。

7. 参加竞拍的同学兑换足够的金币。

兑换的方式如下：可用时间兑换金币，10个小时，可换一块金币；可用兴趣兑换金币，如果是"非常热爱"，可兑换10个金币；如果是"喜欢"，可兑换8个金币；如果是"一般喜欢"，可兑换5个金币。如果是不喜欢，不能兑换金币。可用"创新"兑换金币，一个创新兑换10个金币，每个人不得超过5个。

活动过程：

1. 推选一名主持人；

2. 拍卖会规则

（1）依次拍卖 4 至 8 个岗位；

（2）主持人宣布岗位工作内容、技能要求、素养要求等；

（4）符合要求的同学或有此意愿的同学举牌示意，每举一次牌，意味将付出 5 个金币；

（5）以最后出价最高者购买该岗位。

6. 班主任为拍卖会仲裁。如在拍卖中出现争执，班主任进行现场处理或解释。

7. 哪组收获的职业岗位越多，哪组获胜。

参考案例

序号	工作岗位	工作内容	技能要求	素养要求
1	电商客服岗位	1. 在线解答客户的咨询问题，包括产品信息、订单状态、物流查询等。 2. 处理客户的投诉和建议，协调相关部门解决问题。 3. 跟进客户订单，确保订单顺利进行，如提醒发货、确认收货等。 4. 定期回访客户，收集客户反馈，提升客户满意度。	1. 良好的沟通能力，能够准确理解客户需求并清晰表达解决方案。 2. 熟练掌握办公软件操作，如打字速度较快。 3. 了解电商平台的基本操作流程。	1. 服务意识强，以客户为中心，耐心、热情对待每一位客户。 2. 具备一定的抗压能力，能在面对客户投诉时保持冷静。 3. 有团队合作精神，能与其他部门协同工作。
2	电商仓储物流岗位	1. 负责商品的入库、出库管理，确保库存准确。 2. 对商品进行分拣、包装、发货等操作。 3. 协助进行库存盘点，及时发现和处理库存差异。 4. 与物流供应商沟通协调，确保货物及时准确送达。	1. 基本的货物搬运和操作能力。 2. 熟悉仓储管理软件的使用。 3. 了解物流配送流程。	1. 细心、负责，确保库存和发货的准确性。 2. 有较强的执行力，能高效完成各项任务。 3. 具备一定的体力和耐力，适应仓库工作环境。
3	电商美工助理岗位	1. 协助美工设计师进行图片处理，如裁剪、调色、抠图等。 2. 整理和分类图片素材，建立素材库。 3. 制作简单的宣传海报、商品详情页等。 4. 参与店铺装修和页面设计的辅助工作。	1. 基本的图形图像处理软件，如 Photoshop、Illustrator 等。 2. 有一定的审美能力，能够理解设计要求。	1. 学习能力强，积极主动地学习新的设计技能和知识。 2. 注重细节，对工作认真负责。 3. 有团队合作精神，能与设计师密切配合。

续表

序号	工作岗位	工作内容	技能要求	素养要求
4	电商运营助理岗位	1.协助电商运营人员进行店铺日常管理，如商品上下架、价格调整等。 2.收集和整理店铺数据，制作简单的数据分析报表。 3.参与促销活动的策划和执行，如协助设置优惠活动、撰写活动文案等。 4.回复客户留言和评价，维护店铺的良好形象。	1.了解电商平台的运营规则和操作流程。 2.基本的数据分析能力，能够使用 Excel 等工具进行数据整理。 3.一定的文字表达能力，能撰写简单的文案。	1.有较强的责任心和执行力，认真完成各项任务。 2.善于观察和学习，不断积累电商运营经验。 3.具备团队合作精神，能与运营团队成员良好沟通协作。

活动反思与总结。

将参加本次活动的思考写在下面的横线上。

_____

_____

文化铸魂篇

文化可以改变人的世界观，

世界观决定人生观，

人生观决定人的思想境界、素质修养，

所以，

传承、保护、创新中华传统文化、地方特色民族文化，

用红色文化、优秀传统文化铸魂是我们的责任。

主题二十七 我们为什么过节

在特殊的日子里，人们把共同的生活理想、愿望、审美追求、浪漫情愫、美食等融入其中，这种做法的传承成为一代又一代人的精神寄托。

活动目标

了解中华民族的传统节日及其典故，增强对民族文化的认同感，提高民族自尊心、自信心和自豪感。

活动一　听诗词辨节日

一、活动任务

推选一名同学担任主持人。准备与节日有关的诗词。

二、活动地点

班级教室。

三、活动准备

1. 主持人诵读诗词，请同学们根据内容猜节日。

2. 思考：中华传统节日有哪些共同点？你最喜欢哪个传统节日？它有哪些习俗？请将答案写在下面的横线上。

_____

_____

参考案例

1. 千门万户曈曈日，总把新桃换旧符。《元日》　　　　　　　（宋 王安石）

2. 日暮汉宫传蜡烛，轻烟散入五侯家。《寒食》　　　　　　　（唐 韩翃）

3. 渡深悲千载冤，忠魂一去讵能还。国亡身殒今何有，只留离骚在世间。《和端午》
　　　　　　　　　　　　　　　　　　　　　　　　　　　　　（宋 张耒）

小提示

我国四大传统节日分别是：春节、清明节、端午节、中秋节。这些传统节日的共同点：有隆重的仪式，有规则和禁忌，有相应的时令美食，都蕴含着人们对生活和未来的祈愿。

活动二　十里不同天，五里不同俗

一、活动准备

1. 挑选一个传统节日，组织全班同学一起过节。

2. 通过查询书籍、互联网，学习中华民族传统节日的相关知识，了解节日的内涵。

3. 通过互联网查询或访谈，了解自己最喜爱的传统节日的相关知识。

二、活动地点

班级教室。

三、活动任务

我国 56 个民族都有属于自己独特的传统节日，请同学们分享所知晓的各地、各民族的节日。

参考案例

案例一：仡佬族有一个节日叫作"吃新节"，是仡佬族重要的节日之一。每年农历七月初七，家家买肉打酒，杀鸡宰羊，从地里摘些早熟的稻谷、玉米做新米饭，再以豇豆、毛豆等做成菜肴祭祀祖先。有些地方的仡佬族还会以糍粑作为供品，并将糍粑捏成谷仓、牛、犁耙等形状，连同嫩玉米、酒一起祭供祖先。

祭拜仪式非常隆重，为的是祈盼年年好运，年年五谷丰登。

案例二：每年农历六月二十四，北斗星斗柄上指，当天彝族有一个重要节日——火把节，相当于汉族的春节。在节日到来之前，各家都要准备充足的食品。节日期间，人们纵情欢聚，放歌畅饮。白天参与斗牛、摔跤等娱乐活动，晚上则点燃火把，成群结队地行进在村边地头、山岭田埂。从远处望去，火龙映天，蜿蜒起伏，十分动人。最后人们会聚广场之上，将许多火把堆成火塔，火焰熊熊，人们围成一个圆圈，唱歌跳舞，一片欢腾。

小提示

　　我国的节日丰富多彩，具有浓郁的地方特色和民族特色。每个节日都蕴含着独特的文化内涵，值得去保护、传承。

活动三　我为家乡创设节日

一、活动准备

各小组准备资料或制作PPT。

二、活动地点

班级教室。

三、活动任务

1. 每小组上台展示为家乡创设的节日；
2. 同学互评，评价内容包括：可操作性、影响力、地方特色、文化内涵等。

我为家乡创设的节日——金刺梨节

设计理由：

1. 家乡安顺地处长江水系乌江流域和珠江水系北盘江流域的分水岭地带，立体气候和生物多样性明显，森林覆盖率达36%。广泛分布着适宜金刺梨生长的土壤：土壤湿润，土层较厚，腐殖质层厚，质地适中。平均气温14~16℃，年均日照数为1 200~1 400小时，全市年雾日数多在60天左右，日照率为26%~33%。年平均降水量1 100~1 450毫米，平均相对湿度72%~82%，是金刺梨生产适宜区域。

2. 家乡的金刺梨，又名光枝无籽刺梨，是独有的野生资源，因果实金黄、清香爽口而得名，果子鲜食和加工均宜。安顺无籽刺梨富含维C、维E、维B1、维B2等多种维生素和钙、铁、锌、硒等微量元素，且叶酸、单宁等含量较高。此外，还含有大量的纤维素和多种人体必需的氨基酸。

3. 围绕金刺梨加工形成了丰富的产业链。

活动四　我为节日添风采

一、活动准备

结合专业特色，制订相应的庆祝活动计划。

二、活动地点

班级教室。

三、活动任务

结合各自专业进行思考，你能否利用自己所学专业，为我国的传统节日做点什么？

例如，烹饪专业的同学，可以制作并改良中国传统节日的美食；服装设计专业的同学，可以设计制作精美的节日礼服等。

拓展阅读–二十四节气

主题二十八　带着父母去旅游

很多同学都有一个梦想，有一天，能带着父母，看看祖国的大好河山，感受改革开放以来各地发生的巨大变化。

你会结合父母的生活习惯、兴趣爱好、身体状况等，安排旅游途中的住行及旅游路线，为这次旅行做一次旅游攻略吗？

活动目标

1. 了解各地的风土人情、矿产资源、旅游美食、地理历史、文化名人等，树立文化自信。

2. 学会做旅游攻略。

3. 培养感恩意识。

活动一　你了解自己的父母吗

一、活动准备

推选一位主持人。

二、活动地点

班级教室。

三、活动任务

快问快答，主持人在一分钟之内念完下列问题，同学们即问即答。

1. 父母的生日是哪天？

2. 父母爱吃的菜及忌口有哪些？

3. 父母曾到哪些地方去旅游过？

4.父母旅游，有哪些需要注意的事吗？

5.父母愿意同你一起外出旅游吗？

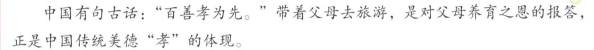

中国有句古话："百善孝为先。"带着父母去旅游，是对父母养育之恩的报答，正是中国传统美德"孝"的体现。

活动二　不一样的人间烟火

一、活动准备

1.以贵州为旅游目的地，了解贵州的旅游资源。

2.结合父母的生活习惯，为父母策划五条旅游路线。

3.制作课件，向同学们展示你的旅游攻略。

二、活动地点

班级教室。

三、活动任务

1.各小组派出一名代表，展示小组作业，每组展示的时间在 8 分钟以内，以到贵州旅游为例。

2.展示内容。

第一小组：以自然风景为主的旅游路线。

第二小组：以红色文化为主的旅游路线。

第三小组：以美食为主的旅游路线。

第四小组：以民族文化为主的旅游路线。

拓展阅读–贵州的美食

第五小组：以古城古镇为主的旅游路线。

3.评价环节。

小组互评，并将小组讨论结果填写在下面的横线上。

你最喜欢的一组同学的作业是：＿＿＿＿＿＿＿＿＿＿＿＿＿＿

你认为课件做得最好的一组是：＿＿＿＿＿＿＿＿＿＿＿＿＿＿

讲解得最好的一组是：_____

小提示

　　"树欲静而风不止，子欲养而亲不待。"这是我国的一句古话，提醒世间之人报答父母的养育之恩。

重走长征路　主题二十九

1936 年 10 月，毛泽东回顾长征一路走来的艰难与共困时认为，长征是宣言书，长征是宣传队，长征是播种机。长征是以我们胜利、敌人失败而告终的。长征精神，是一座永恒的丰碑。

重走红军路，再温长征精神，补充成长过程中需要的"钙"，走好属于自己新时代技能学习的长征之路。

活动目标

1. 追寻红色足迹，接受红色教育。

2. 感悟长征精神，走好新时代的长征路。

3. 树立对家乡的认同感与自豪感。

活动一　再"走"红军路

一、活动准备

准备记号笔和 A4 纸。用记号笔在 A4 纸上写下地名，制作标牌。

二、活动地点

班级教室或室外。

三、活动任务

1. 介绍红军长征的相关历史知识。

2. 根据列举的地名，按红军当年的行走顺序，再"走"一次红军路，并按时间顺序连线。（有条件的县区，可带学生重走当年红军走过的路。）

瑞金　信丰　汝城　宜章　兴安县　全州　黎平　龙里　余庆　遵义　紫云　金沙　盘县　赤水　扎西　昆明　金沙江　会理　安顺场　泸定桥　庐山　雪山　草地　腊子口　静宁　陇西　会宁　吴起镇　娄山关　毛儿盖　腊子口　皎平渡

四、活动反思与总结

1.想象一下，红军长征会遇到哪些困难？请将答案写在下面的横线上。

_____

2.红军是凭借什么克服困难走完长征路的？请将答案写在下面的横线上。

_____

活动二　观看历史片《四渡赤水》

一、活动准备

准备放映历史片《四渡赤水》。

二、活动地点

多媒体教室。

三、活动任务

1.同学分组讨论：四渡赤水在红军长征中的重要意义是什么？四渡赤水的精神有哪些？为什么要传承长征精神？结合实际思考，长征精神如何应用于专业技能的学习上？请将答案填在下面的横线上。

_____

_____

2.分享你所知道的红军故事，并写在下面的横线上。

_____

_____

活动三　红军从我家门前过

一、活动准备

搜集红军从家乡经过的故事、标语、图片等。如果红军没有从自己的家乡经过，可搜集红军长征的故事。

二、活动地点

班级教室。

三、活动任务

1. 介绍长征。

2. 分小组，各小组组员分享红军从家乡走过时留下的标语图片或其他图片及故事等。

活动四　诵读经典

一、活动准备

搜集与长征有关的诗词及散文，准备背景音乐。

二、活动地点

班级教室。

三、活动任务

分组朗诵诗歌，在音乐中诵读经典诗词及散文。

知识园地

七律·长征

毛泽东

红军不怕远征难，

万水千山只等闲。

五岭逶迤腾细浪，

乌蒙磅礴走泥丸。

金沙水拍云崖暖，

大渡桥横铁索寒。

更喜岷山千里雪，

三军过后尽开颜。

认识脚下的土地　　主题三十

　　家乡，承载着回忆的地方，无论我们走到哪里，都会牢牢地牵动着我们的心。如果有一天离开了家乡，当有人问起"你的家乡是什么样的"，你该怎样回答？请问问自己，你了解自己的家乡吗？你知道家乡有哪些特产？有哪些著名的人物？有哪些美食？有哪些习俗？有哪些文化？有几条河流……

活动目的

认识家乡、了解家乡，树立家乡文化认同感。

活动一　美不美，家乡水

一、活动准备

搜集家乡山川河流的图片或视频以及家乡的特产，制作成课件。

二、活动地点

班级教室。

三、活动任务

1. 有条件的学校，可带同学们参观家乡的母亲河或风景名胜。
2. 展示家乡山川河流的图片或视频。
3. 展示家乡的特产图片。
4. 展示反映家乡的自然风光和人文景观的图片。

活动二　亲不亲，故乡人

一、活动准备

搜集家乡名人的故事。

二、活动地点

班级教室。

三、活动任务

学生分成几组，每个小组分享一个家乡名人的故事，并突出名人带来的影响。

活动三　乡音乡愁

一、活动准备

搜集有关家乡的歌谣、视频。

二、活动地点

班级教室。

三、活动任务

同学分组，举办歌唱比赛，唱一唱家乡的童谣、山歌等。

小提示

　　每个人的家乡都有其独特的文化生活，这些文化不仅是历史的积淀，也是当地人生活的一部分。了解和认同家乡的文化，是一种对自己根源的尊重和珍惜，也是一种积极乐观的生活态度。

　　家乡的文化生活可能体现在节日庆典、传统习俗、俗语方言、艺术表演、建筑风格、饮食习惯等多个方面。这些文化特色构成了家乡的独特风貌，是家乡的灵魂所在。它们不仅为当地居民提供了丰富的精神食粮，也是外界了解这个地方的窗口。

　　知晓家乡的独一无二，意味着我们能够欣赏和传承家乡的文化传统，这种认同感可以增强凝聚力，促进文化交流和相互理解。同时，它也能让我们在面对外部世界的多元文化时，保持自己的文化身份和自信。

　　认同家乡人的生活方式，意味着我们理解和尊重当地人的价值观和生活方式。这种尊重不仅限于表面的文化形式，更包括对家乡人民的智慧、努力和成就的肯定。这种积极乐观的态度有助于我们建立更加和谐的社会关系，推动家乡的持续发展和进步。

　　总之，家乡的文化生活是值得我们每个人去了解、去珍惜、去传承的宝贵财富。通过积极的态度去认同和参与家乡的文化生活，我们不仅能够获得精神上的满足和自豪感，也能够为家乡的文化多样性和社会和谐做出贡献。

活动四　说在家乡

一、活动准备

1.搜集描写家乡的歌曲或诗歌、视频等。

2.学习配音、制作小视频、写歌等。

二、活动地点

班级教室。

三、活动任务

1.用故乡的方言改编两首热爱家乡的歌曲，例如，改编演唱"我爱家乡的……"。

2.用家乡话给经典视频配音。例如，用家乡话给同学最喜欢的一部动画配音，感受家乡话的魅力及其与普通话表达方式的区别。

3.评选出若干优秀作品。

活动五　乐在家乡

一、活动准备

搜集家乡的非物质文化遗产的相关知识。

二、活动地点

班级教室。

三、活动任务

1.了解家乡的非物质文化遗产。

2.展示家乡的非物质文化遗产，或组织学生到非物质文化基地体验。

3.邀请非物质文化传承人到学校为学生传授非物质文化。以贵州省为例，邀请国家级非物质文化遗产之一——安顺地戏传承人到学校传授非物质文化，组织学生学习，并通过现场授课的方式，让学生走近非物质文化遗产，学习、保护并传承。

家乡的非遗是家乡民族文化的生命记忆和活态文化基因。这些非遗，经过世代相传，与家乡人民生活密切相关，是用以表达情感和思想的一种外在形式。学习、保护、传承非遗，重温家乡人的生命记忆，学生在这一过程中，汲取的是不可替代的精神力量。

活动六　胃知家乡

一、活动准备

准备食材、用具，学生分成小组，用所学技艺展示家乡美食。时间为 4～5 小时。

二、活动地点

班级教室。

三、活动任务

厨艺大比拼

1. 评选出最能代表家乡美食的食谱。

2. 根据食谱采买相应的食材。

3. 根据抽签的形式，分配好制作美食的任务。

4. 在规定的时间内，做出美食。

5. 请专业教师、任课教师、地方名厨、烹饪专业的学生或热爱美食的同学等做评委，点评各小组作业。

6. 知识问答，内容以当地美食制作、特色、风味等为主。

思考：

1. 如果选一道菜作为家乡的名片菜，你会推荐哪一道菜肴？

2. 家乡的哪一道菜受外地菜的影响最大？

不管你是否愿意，家乡的美食已经深深烙在每个同学的记忆中。无论你将来走向何方，当我们品尝到那些熟悉的味道，味蕾上的每一个细胞似乎都在诉说着家乡的故事。学做几道传统的家乡菜，培养家乡的生活认同感，终有一天，你会感恩这片养育过你的土地。

活动七　家乡的面貌

一、活动准备

1.阅读家乡的县制（或市制）地图，着重了解家乡的地理状况。

2.如果条件允许，可组织学生到实地，现场教授学生绘制地图的方法。

3.以家乡的地图作为参考，手绘家乡地图。

二、活动地点

班级教室。

三、活动任务

绘制家乡的地图。标明家乡的主要山川河流名称、主要交通要道、地标建筑等。如果班级有一定美术基础的学生或了解这方面知识的学生，请其做点评。

小知识

绘制地图，了解"一方水土养一方人"的道理，从而读懂家乡人生活习惯的共性。以贵州省为例，通过绘制地图，可以了解喀斯特地形地貌对当地人生活的影响。一方面，奇峰异洞等自然景观，形成了天然优良的旅游资源。另一方面，地表崎岖、交通不便、土壤贫瘠、岩层保水性能差，给当地人生活带来不便。

活动八　行在家乡

一、活动准备

1.阅读或利用网络查询相关资料。

2.拍摄家乡道路与桥梁的照片。

3.分组介绍具有当地特点的重要交通要道或桥梁。

二、活动地点

班级教室。

三、活动任务

分小组，介绍家乡的路与桥，以及主要的地名、地名的溯源等。

参考案例

明代王阳明曾赞曰："天下之山，萃于云贵；连亘万里，际天无极。"贵州逢山开隧、遇水架桥，架起了一座又一座的世界级桥梁，刷新了一项又一项的"世界纪录"。桥，打开了山隔水阻的开放大门，也造就了形态万千的美丽景观。

活动九　书画家乡

一、活动准备

以"热爱家乡"为主题，布置学生用书法、绘画、摄影等方式表达对家乡的热爱之情。

二、活动地点

班级教室或教学楼走廊。

三、活动任务

以小组为单位，同学们用书法、绘画、摄影等方式展示家乡的美。评选出小组最佳作品，在教室或教学楼走廊进行作品展示。

活动十　为家乡设计名片

一、活动准备

将学生分成 4 ~ 5 个小组，每个小组为家乡设计一张名片。

二、活动地点

班级教室。

三、活动任务

1.设计名片。名片内容可以包括以下几方面。

（1）展示家乡的一句口号。例如，贵州有"八山一水一分田""一山有四季，十里不同天"之说。

（2）家乡的代表树、代表花。如梵净山冷杉，这是贵州梵净山国家级自然保护区的特有种类。贵州苏铁，这是一种1981年在贵州发现的稀有树种。

（3）家乡的名胜古迹、地标建筑。例如，天河潭，其位于贵州省贵阳市花溪区石板镇，是一处以典型喀斯特自然风光为主、历史名人隐士文化为辅的风景名胜区。

（4）家乡的名人。

（5）能展示家乡独特文化的景、物、事。

2. 教师点评，同学们互评。优秀作品在班级展示。

小提示

　　为家乡设计名片的过程，是重新审视、鸟瞰家乡的过程。如果家乡有不足之处，不要埋怨它，尽力为它做些力所能及的事。如果家乡没有你的梦想，不要诋毁它。离开之后，不要忘记它，它是你为数不多想回去看看的地方。

参 考 文 献

［1］李迪．中职主题班会设计技巧与优秀案例［M］．北京：中国轻工出版社，
2023．

［2］苏宏伟．中职生主题班会40课［M］．北京：机械工业出版社，2023．

［3］周冬根，徐伟，余红．中职生创新主题班会活动实践［M］．成都：西南财
经大学出版社，2023．

［4］刘淑慧．新时代大学生主题班会设计与实施策略［M］．上海：东华大学出版社，
2021．

［5］杨小兰，黄轶，陈建军．中职生责任担当教育主题班会［M］．北京：中国
财政经济出版社，2021．

［6］汉·司马迁．史记［M］．北京：中华书局，1974．